荊楚文庫

〔康熙〕監利縣志

〔清〕程藻 修
〔清〕程之洛 曾三壽 纂

荊楚文庫編纂出版委員會
崇文書局

荆楚文庫

〔康熙〕監利縣志

KANGXI JIANLI XIANZHI

圖書在版編目（CIP）數據

〔康熙〕監利縣志 /〔清〕程藻修 ;〔清〕程之洛，〔清〕曾三壽纂．
— 武漢 ：崇文書局，2024. 8.
（荆楚文庫）.
ISBN 978-7-5403-7709-0
Ⅰ. K296.34
中國國家版本館 CIP 數據核字第 20247V98K6 號

責任編輯：陳金鑫
整體設計：范漢成　曾顯惠　思　蒙
責任校對：董　穎
責任印製：李佳超
出版發行：崇文書局有限公司（中國・武漢）
地址：武漢市雄楚大道 268 號 C 座
電話：（027）87677133　　郵政編碼：430070
録排：武漢鑫偉創圖文設計有限公司
印刷：湖北新華印務有限公司
開本：787mm×1092mm　　1/16
印張：31
版次：2024 年 8 月第 1 版　2024 年 8 月第 1 次印刷
定價：158.00 元

ISBN 978-7-5403-7709-0
9 787540 377090

《荆楚文庫》工作委員會

主　　任：王蒙徽

副 主 任：諸葛宇傑　琚朝暉

成　　員：黄泰巖　余德芳　何麗君　劉海軍　周　峰
李述永　夏立新　謝紅星　劉仲初　黄國斌

辦公室

主　　任：蔡静峰

副 主 任：董緒奎　唐昌華　周百義

《荆楚文庫》編纂出版委員會

主　　任：王蒙徽

副 主 任：諸葛宇傑　琚朝暉

總 編 輯：郭齊勇　馬　敏

副總編輯：熊召政　劉海軍

編委（以姓氏筆畫爲序）：朱　英　邱久欽　何曉明
周百義　周國林　周積明　宗福邦　陳　偉
陳　鋒　張良成　張建民　陽海清　彭南生
湯旭巖　趙德馨　蔡静峰　劉玉堂

《荆楚文庫》編輯部

主　　任：周百義

副 主 任：周鳳榮　周國林　胡　磊

成　　員：李爾鋼　鄒華清　蔡夏初　王建懷　鄒典佐
梁瑩雪　丁　峰

《荆楚文庫・方志編》編纂組

組　長：劉偉成　陽海清（執行）

副組長：劉傑民（執行）　王濤　謝春枝　郝敏　嚴繼東

參編人員（以姓氏筆畫爲序）：

王濤　李云超　宋澤宇　范志毅　郝敏　柳巍　馬盛南

陳建勛　夏漢群　梅琳　陽海清　彭余焕　彭筱澂　楊愛華

雷静　劉水清　劉偉成　劉傑民　謝春枝　戴波　嚴繼東

編審：周榮

顧問：沈乃文　李國慶　吴格

出版説明

湖北乃九省通衢，北學南學交會融通之地，文明昌盛，歷代文獻豐厚。守望傳統，編纂荆楚文獻，湖北淵源有自。清同治年間設立官書局，以整理鄉邦文獻爲旨趣。光緒年間張之洞督鄂後，以崇文書局推進典籍集成，湖北鄉賢身體力行之，編纂《湖北文徵》，集元明清三代湖北先哲遺作，收兩千七百餘作者文八千餘篇，洋洋六百萬言。盧氏兄弟輯録湖北先賢之作而成《湖北先正遺書》。至當代，武漢多所大學、圖書館在鄉邦典籍整理方面亦多所用力。爲傳承和弘揚優秀傳統文化，湖北省委、省政府決定編纂大型歷史文獻叢書《荆楚文庫》。

《荆楚文庫》以『搶救、保護、整理、出版』湖北文獻爲宗旨，分三編集藏。

甲、文獻編。收録歷代鄂籍人士著述，長期寓居湖北人士著述，省外人士探究湖北著述。包括傳世文獻、出土文獻和民間文獻。

乙、方志編。收録歷代省志、府縣志等。

丙、研究編。收録今人研究評述荆楚人物、史地、風物的學術著作和工具書及圖册。

文獻編、方志編録籍以一九四九年爲下限。

研究編簡體横排，文獻編繁體横排，方志編影印或點校出版。

《荆楚文庫》編纂出版委員會

二〇一五年十一月

前言

《（康熙）監利縣志》十卷，清程藻修，清程之洛、曾三壽纂，清康熙二十一年（一六八二）刻本。志存卷一至五、卷九、卷十下。

程藻，清徽州府歙縣人，文林郎，康熙十八年（一六七九）任監利縣令。程之洛，邑人，原任衡州府儒學教授。曾三壽，邑人。

監利縣志始於明正統，續修於萬曆年間。清順治九年（一六五二），邑令藺完瑝又續修。據康熙四十一年（一七〇二）《監利縣志》所載程藻《序》、程之洛《監利縣志引》與曾三壽《序》所言，藺志成後三十年間監邑變化良多，不書於志則有闕略之虞。程藻到任，修廢舉墜之餘，常以邑志爲念。康熙二十一年，程藻延請程之洛、曾三壽並名宿二十四人續修志書，並親自撰寫則例十二條。程、曾等人依此搜羅采訪，『述所見聞近而耳目衆著者直録之，遠而前志未備者參稽而補葺之，分彙爲十卷』，復請程藻爲之筆削訂正，志書乃成。

因該志傳本久未見於世，之前視爲佚失。二〇二一年，潛江市圖書館發現該志殘本，所存分別爲卷二營建志、卷三學校志、卷四賦役志、卷五風土志、卷九人物志和卷十藝文志下。每卷卷端鐫『邑令古歙程藻輯定 邑人程之洛曾三壽纂修 新安盧絳古亭劉韋孫較訂』，卷前有程、曾二人所撰小序，部分卷前有程藻識。卷十末有康熙二十二年（一六八三）周燾跋，康熙二十一年盧絳跋、劉韋孫跋與佚名跋。

據是志所存綱目與序言中『其則例十二而復約之爲十則，節烈、方伎皆人也，統歸之於人物』之語，對比藺志綱目，可知是志體例應是以藺志爲藍本，且有所增改。除上述『人物志』改動以外，是志改藺志『秩祀志』爲『學校志』，並增添『風土志』一綱。其内容對比舊志，有照録者，有增添者。

本次據潛江市圖書館藏是志殘本影印。（彭筱溦）

目録

原
缺

是矩

程之洛曰興作者聖人之不得已也故曰說以先民民忘其勞民不說而勞之岌岌乎殆矣歷攷監之興作城池堂廨以逮倉庫鋪驛下說其上而朝廷之體統尊上說其下而閭閻之願欲遂每覽記文碑碣一時和風殆可想見築阿房惜露臺非郡邑例也烏容喙

曾三壽曰自有營建以來遞興遞廢然其所以興廢蓋有由也小雅載鴻雁之篇與行野黃鳥垂示

千古以見民居分合室廬墜舉所關天時人事不小在邑言邑烏可不紀之邑自元末陳友諒弒其主徐壽輝而自立出沒於江漢閒其子理踞璧歸明太祖宿兵沔監鎮之今之屯衛是也民經亂亡地廣太荒而不治及明中葉休養百餘年田疇未盡易廬舍未盡廓嘉隆以後始稱繁盛崇禎壬午賊遊騎掠邑邑盡空民自相沸亂次年正月賊遣僞官偕四卒來專殺無忌三月明總兵孔姓者攻破邑城五賊已逃所屠掠惟平民自是甲乙丙丁

之間豺虎跳號於城中荆蓁交搆於敗垣城南北
二門五六家爾巳丑以後二十餘年止基迺容甲
寅逆氛抵江城中震懼者
禁旅一出驚魂乃定大抵邑爲荆岳衝道自孫劉曹
馬蕭李之輩以及近代宋元明季躍馬跳兵無世
無之故官署民舍不見百年以上之物安居日少
播遷日多覽是志者其亦知所存郵也夫
縣城向在上坊東村宋端平間荆湖制置使孟珙改
遷曾洑口城經始於明正德乙亥撫都御史秦公

命縣丞杜漸築土爲之隆慶壬申撫治都御史凌公撫軍中丞趙公按察御史郜公請於朝改築始於萬曆癸酉冬告成於甲戌之夏東西仍舊基南北俱新築甃以磚石週圍一千八十丈高九尺厚一丈有奇城門五南曰朝宗北曰望京東曰朝陽西曰阜民東北曰保和俱有樓知縣李純朴建邑人叅政鄭重威記崇禎甲戌知縣唐勲加高三尺浚濠環遶深廣盈仞壬午兵火圮壞

按城原止四門東北之保和門係劉中憲公諱艮

宋請於撫都御史趙公增闢一門便民出入者也趙公出於中憲公之門猶易樂從奏可邑民德之設木主於城樓曰助修磚城闢門便民鄉紳劉公良宋與邑侯李公純朴並祀之迄今科第雲礽增修巍然世德可見矣齊州司李劉懋夏有記

本朝順治己丑知縣蘭完理率衆復城繕修各缺重建城樓樓上各有題額東曰光華復旦南曰江漢澄濟西曰鴻雁翔集北曰鎖鑰深嚴東北曰神聽和平樓有關聖像歲久四門城樓俱敝惟保和樓

存城濠近居民者率堙塞不通五門橋梁俱廢康熙庚申知縣程公藻募工開濠修復橋梁城内外水道俱得疏濬

縣治署在城中近南宋端平甲辰阡定今址元末兵燬明洪武甲辰知縣劉淵建甲戌知縣張貴重修正統甲子燬於火乙丑知縣鄭崇重建正德間知縣莊鉞修萬曆二十四年知縣范士林重修崇禎壬午兵燬

本朝順治八年辛卯知縣藺完瑝重建

大堂　川堂　內堂　內衙寢室

東庫在堂東　西庫在堂西

承發吏戶禮招五科在堂下東

東兵刑工架閣五科在堂下西

土地祠在儀門東　馬王祠在儀門西

賓館在儀門外東　倉在賓館後久廢今監屋三間立三櫃徵收錢糧

獄在儀門外西　所在獄後

譙樓在頭門康熙戊申知縣侯夢卜建　洗馬池後衙東

縣丞衙在正衙左明壬午廢康熙己酉知縣侯夢卜建盡

圯壬戌春知縣程公藻縣丞潘廷藻重建

主簿衙在正衙右前今廢

典史衙在正衙右後　順治八年知縣藺完煌建典史王世瑛修

縣署周圍界址丈尺凡沒於居民者壬戌程公藻俱清出墻垣新築

廣積倉在城東　知縣鄭崇建

預備倉在縣北隅後遷署內邑人翰林裴綸記　崇禎甲戌知縣唐勳重修皆久燬

曾三壽曰按舊志遷治在宋故今近治上下無漢
唐人遺蹟宜也但舊縣載唐人戎昱詩有故國遺
墟在登臨想舊遊一朝人事變千載水空流之句
豈舊縣之地在唐已曰遺墟耶使此詩不爲舊縣
詠則可若果爲舊縣詠不幾與徙治之説相河漢
耶又藝文內有淳祐徙邑端平定治署之語舊志
又載端平甲辰阡定今址考端平在前淳祐在後
端平有甲午無甲辰淳祐四年乃爲甲辰今所傳
序次年號歲時必有舛誣者然無明文可據因舊

文而存之勿敢遽易也事關紀載不得不存其概

儒學在縣署東北詳載學校志新編

諸行署

布政司署在縣署西北即稅課局舊址正統辛酉知縣鄭崇建久廢居民包侵萬曆甲戌知縣李純朴清查還官橫八丈亘一十六丈五尺後池一口

按察司署在縣署東成化甲午知縣焦欽重修今圮

府館在學東街前萬曆甲戌五月致仕參政鄭重威捐已地橫七丈亘一十一丈用還府館之舊今圮

諸急遞舖

章華縣前久燬　窰圻縣西　曰新添　曰新冲　曰車湖
港　曰三崗以達石首名爲北路自窰圻過江
曰塔市驛　曰章華港　曰㯖江以接石首調絃
舖名爲南路塔市屬縣治㯖江章華則石首屬舖
司永充舖兵則就近招募額支工食載在全書南
北兩路時而更改今遞送由南路遞北抵潛江
曰雞鳴　曰白洋　曰沙洪久廢今查復舊爲省城
文書不致復繞荆州稽遲時日

大觀書院即布政司基址萬曆甲戌知縣李純朴建自記久廢

本朝順治七年庚寅知縣藺完瑝拓基構堂繚以周垣視舊宏備矣今圮康熙二十年知縣程藻署縣丞事姚廷玉重修

諸屬署

塔市驛在江南岍宋名塔子口明吳元年間設塔市埠洪武戊申改爲驛驛丞一人正統丙寅知縣鄭崇建久燬按塔市驛水驛也額無設馬改縣原官馬四

十七匹於康熙元二五七年節次奉裁訖復於十三年因　大兵駐劄荆岳縣屬中途奉　驛道撥馬一百二十匹分設縣城薛家觜荆河口三站復於十五十八二十年節次奉裁訖

窰圻巡檢司　白螺磯巡檢司 以上二司俱洪武巳酉建

瓦子灣巡檢司　分鹽巡檢司 以上二司俱隆慶巳巳建

家緑湖河泊所　分鹽湖河泊所

毛家口巡檢司　太馬前湖河泊所 以上三所一司俱革

陰陽學 在縣署東街　醫學 在縣城北 俱洪武甲子建後

以惠民藥局爲醫學　學局在縣西南

僧會司在羅漢寺　道會司在上清觀

申明亭在縣門外東　旌善亭在縣門外西

養濟院在縣東北　漏澤園在東門外萬曆癸酉本

縣開窰燒磚買民劉錠地一所工完郎定爲漏澤

順治六年十月內知縣閻完璧初入荒城目擊枯骨

遍野不勝心惻捐俸三兩買鷄鳴十甲里民呂

賞揚太馬坑白地四畝七分五釐盡收遺骨掩藏

豎立義塚碑記續於九年五月內奉巡按聶公憲

行欽遵

旨意設立義塚仍於附郭西門外查勘空閑官地二畝八分照依來文備造石碑如式刊刻申報在卷共計義塚二處

演武教塲在東門外　哨守廳二在東門内　在舊縣

諸市　在城者不論在境內者舊有七　白螺　戴家　分鹽　船灣　毛家口　小沙口　王家堡　其朱家河　嚴家集　周老嘴三市新興朱家河稍盛商民輻輳街衢湫隘一遇陰雨泥濘難行康熙壬戌知縣程公勸諭市民修砌街道俱砌以磚

往來便之

諸鄉頓偹倉四　在分鹽　舊縣　朱郭　崇南

舊志論曰爲政者每視民所勤固未敢輕百姓力矣然古公草創皐門有閌宣王中興築室百堵匪棘其欲也不一勞者不久逸不暫費者不永寧謀先作始功弘濟滇者哉狃安而徼容福固無足述焉爾

程藻辨曰吾今而知邑有營建非好事者不能爲也然而有不得不爲營建者固未可以好事目之

寃非好事者不能爲也矧身爲邑令爲斯民計安堵者則凡一土一木非所以矜制作侈觀瞻必有以入窮簷蔀屋之隱導其欲遂之情宣其必達之氣靈臺胡爲而子來此其中有難爲喻者要之爲令當如處家家有子弟則必愛之教之家無户牖則不可以蔽風雨禦盗賊家無几席則不可以延黨塾訓後裔則肅體統以出政臨民修禮樂以敦尚根本捍牧圉以隄備水旱不得援古今興廢時勢變遷之説乃苟且點綴飾耳目於一時恣繡造

之大義夫亦以推誠致行是在秉筆者紀其實而
紬其虛斯足爲後人勸亦以觧好事之嘲云

監利縣志卷之三

邑令古歙程　藻輯定
邑人　程之洛
曾三壽　纂修
新安盧　綍
古亭劉帝孫　較訂

學校志

盡性至命聖縱於天祖述憲章紹厥心傳道法後
王學啓群賢功亞奕世師表萬年精靈昭祀濡沫

會霑優優穆穆與天地參　程藻識

程之洛曰一道德同風俗惟學校是先誠教化之所由起而人才之所由出故昔人謂儒學宜有專志明崇禎時吾監廣文王公嵩修知要哉至聖賢先儒立萬世之極名宦鄉賢樹百代之標歷朝如禮樂卧碑鄉飲酒禮書籍皆納民於軌物者也何其詳且盡乎今　大令君當同文同倫之世務修明必備上之所以爲教下之所以爲學視此矣吾監其丕興乎

曾三壽曰三代之治莫不以建學爲首務誠以典行爲立政之本而無或敢斁也故士大夫擅修明以範俗而氓庶則循率以遵化邑有學校而禮樂因之爲明倫焉若夫崇德報功所以昭祀之誠答式廓於有赫之地也學校立則秩序有度若綱舉而目張彼營營逐逐皆其散焉者君子惟知其本而圖之可以觀王道於鄉矣今則百廢俱舉而俎豆馨香遂復文明之舊圜橋觀者視吾監之黨庠而有得焉苟非振興絕業其孰能與於斯

學宫

文廟在縣署東北劍始攷略見之元孔思明大成殿記云學與廟俱燬於宋端平之丙申復興於元至正之丙子然而廟宇卑隘不足以揭虔妥靈泰定丙寅曹南進士伯顏帖睦爾來監是邑稍改爲之元統丙戌荆岑文應祥職敎是庠謀諸愛曾唐兀氏令尹李思恭權典史楊材乃重修大成殿明洪武丙子知縣張貴建正統甲子燬於火明年乙丑知縣鄭崇重建隆慶丁卯知縣殷廷舉萬曆甲戌

知縣李純朴辛丑教諭靳朝相丙辰知縣黃瑞輝

崇禎甲戌知縣唐勳皆修葺之

本朝順治七年庚寅知縣藺完理重建康熙乙巳教諭邢子愿重修大成門康熙丁未知縣鄭國印修理正殿及兩廡康熙二十一年知縣程藻教諭盧緈訓導劉帝孫捐俸自聖殿以及兩廡櫺星門俱經重修新建左右戟門三間櫺星門前東西舊有德配天地道冠古今二坊但東坊近爨墻而西坊則在城隍廟左側位列不均然亦久圮無存矣知縣程公重建戟門即於左右額上立扁東書德配天地西書道冠古今其內則左書騰蛟右書起鳳葢倣省會府學制也

按靈星天田星也龍左角爲天田星主穀王者以
教養爲職故曰靈星王者之門左右列戟故次曰
戟門宋建隆三年詔孔廟門列戟十六大觀四年
詔孔廟門列戟二十四　靈俗作櫺非今多作櫺
星故仍之

大成殿內正中龕奉
至聖先師神位自漢高兵圍魯而絃誦不輟乃以大
牢祀之始後漢平帝稱宣尼公和帝封褒尊侯北
魏孝文帝稱文聖宣父後周宣帝封鄒國公隋文

帝稱宣師尼父唐高宗贈太師武后封道隆公玄
宗謚文宣王宋真宗謚元聖又改至聖元武宗號
大成至聖文宣王明嘉靖九年更號曰至聖先師
孔子始易木主今因之

配享從祀位次

四子配享自元豊咸淳始也坐廟堂中兩楹間十
哲升配自開元中始也坐廟堂中兩壁間兩廡從
祀自開元間始也

四配姓字

復聖顏回字子淵魯人　宗聖曾參字子輿魯人

述聖孔伋字子思鯉之子　亞聖孟軻字子輿漢書字子車鄒人

十哲姓字

閔損字子騫魯人　冉耕字伯牛魯人

冉雍字仲弓魯人　宰予字子我魯人

端木賜字子貢衛人　冉求字子有魯人

仲由字子路一字季路卞人　言偃字子游吳人

卜商字子夏衛人　顓孫師字子張陽城人

東廡先賢姓字

澹臺滅明　武城人　原憲　宋人
南宮适　魯人　商瞿　魯人
漆雕開　魯人　樊須　齊人
公西赤　魯人　梁鱣　齊人
冉孺　魯人　伯虔　魯人
冉季　魯人　漆雕哆　魯人
漆雕徒父　魯人　商澤　魯人
任不齊　楚人　公良孺
奚容蒧　衛人　顏祖　魯人

句井疆衛人　秦祖魯人
榮旂魯人　左人郢魯人
鄭國魯人　原亢魯人
廉潔衛人　狄黑衛人
孔忠史記作孔子兄孟皮之子家語孔弗　公西蒧魯人
秦非魯人　申棖
顔噲魯人
東廡舊有曾點孔鯉皆改入啓聖祠
西廡先賢姓字

虙不齊魯人
公冶長魯人
公析哀齊人
高柴齊人
司馬耕宋人
有若魯人
巫馬期陳人
顔辛魯人
曹卹蔡人
公孫龍衛人
秦商楚人
顔高魯人
穰駟赤秦人
石作蜀秦人
公夏守魯人
后處齊人
公肩定晉人
鄡單

罕父墨　魯人　　公祖句茲　魯人

縣成　魯人　　燕級　秦人

顔之僕　魯人　　樂欬　秦人

叔仲會　晉人　　邽巽　魯人

公西輿如　魯人　　施之常　魯人

陳亢　陳人　　琴牢　衛人

步叔乘　齊人

西廡舊有蘧瑗林放非弟子改祀於其鄉顔無繇改入啓聖祠申黨即申棖以重出削

東廡先儒姓字從祀

左丘明魯人

穀梁赤魯人生周末

高堂生魯人生秦漢間

孔安國孔子十一世孫生漢武帝時

后蒼剡人生漢宣帝時

王通龍門人

胡瑗海寧人生宋太宗時

邵雍范陽人生宋眞宗時

司馬光夏縣人生宋眞宗時

程顥洛陽人生宋仁宗時

楊時將樂人生宋仁宗時

羅從彥南劍州人生宋神宗時

朱熹婺源人生宋高宗時

呂祖謙婺州人生宋高宗時

蔡沈建陽人生宋孝宗時

許衡河內人生宋寧宗時

陳獻章 新會人生明宣宗時　王守仁 餘姚人生明憲宗時

西廡先儒姓字從祀

公羊高 齊人生周末　伏勝 鄒平人生秦漢間

董仲舒 廣川人生漢景帝時　毛萇 趙人生漢武帝時

杜子春 河南人生漢哀帝間　韓愈 修武人生唐憲宗時

歐陽修 廬陵人生宋眞宗時　周敦頤 營道人生宋眞宗時

張載 郿人生宋眞宗時　程頤 顥弟生宋仁宗時

胡安國 崇安人生宋仁宗時　李侗 劍浦人生宋哲宗時

張栻 綿竹人生宋高宗時　陸九淵 金谿人生宋高宗時

眞德秀蒲城人宋　薛瑄河津人生明太祖時

胡居仁餘干人生明宣宗時

按文獻通考云古者仲春上丁日釋奠於先聖先師明聖賢當祠於學也唐貞觀四年詔州縣以春秋二仲月上丁日祀孔子明洪武十五年詔天下通祀孔子頒釋奠儀十九年從行人司副楊砥議罷莽大夫楊雄進漢儒董仲舒從祀正統二年進宋儒胡安國蔡沈眞德秀從祀八年從輔臣楊士奇議追封元吳澄爲臨川郡公從祀十二年增樂

舞爲八佾籩豆各十有二弘治八年追封宋儒楊時爲安樂伯從祀嘉靖九年從輔臣張璁議改正祀禮去像易主改大成至聖文宣王曰至聖先師孔子籩豆各損四樂用六佾示天下尊崇之實稱四配曰復聖顏子宗聖曾子述聖子思子亞聖孟子十哲以下凡及門士曰先賢某子左丘明以下先儒某氏僉去公侯伯諸封爵并申黨申棖爲一人削去公伯寮秦冉顏何荀況劉向王肅杜預戴聖賈逵馬融何休王弼吳澄增祀后蒼王通胡瑗

歐陽修陸九淵削祀林放蘧瑗鄭衆盧植鄭玄服
虔范寧於鄉嘉靖中增從祀薛瑄萬曆十七年增
從祀王守仁陳獻章胡居仁以上皆頒之天下文
廟同然但士大夫未必盡知故復著之
啓聖宮在學東明隆慶庚午知縣李克敬建崇禎乙
亥知縣唐勳遷文廟後兵燬
本朝順治辛卯知縣藺完瑝重建康熙壬戌知縣程
藻重修內設
啓聖公神位按叔梁紇進公而王自宋大中祥符始

也稱啓聖公自元始也宋時顔曾子思配享堂上顔路曾晳伯魚從祀兩廡洪邁姚燧以爲崇子抑父熊禾謂宜别設一室祀叔梁紇而以三子配程敏正主其説嘉靖九年遂專祠徧天下尋以激公宜與三子爲四配又以周輔成與程珦朱松蔡元定爲四從

顔無繇 回之父 字路　　孔鯉 子思之父 字伯魚

曾點 參之父 字晳　　孟孫激公宜 軻之父或曰 字公宜

祀祠中楹

程珦顥頤之父字伯溫　朱松熹之父字喬年

蔡元定沈之父字季通　周輔成敦頤之父字

祀祠兩壁

名宦祠在啓聖宮左今在大成門左　祀名宦六人

宋知縣楊霆　明知縣陳獻

明知縣鄭崇　明教諭黃公甫

明知縣朱有光　明主簿宋永昌明末奉祀本朝順治初年修志遺載

鄉賢祠在啓聖宮右今在大成門右　祀鄉賢十一

人

楚孝子伍員　楚忠臣申包胥舊志遺載

漢義士胡剛　明侍郎裴璉

明御史劉龔　明孝子劉祥

明知府李夢祥　明鄉進士贈知府李桃

明知縣歷通判夏茂　明知府劉艮宋

明封郎中贈叅政謝夢祥事實詳人物

按洪武初詔學校左祠名宦右祠鄉賢此係國家

之大典寔出閭巷之公論非勢力營謀所得而干

也必出有造於邦家而居鄉實無愧於幽獨者始克膺此重典聖世龍飛人才奮起所謂賢司牧鄉先生者殆不乏人在當事者勿狥勿濫博採而力行之庶幾前烈攸光後賢興起有關世教豈淺鮮哉

明倫堂在文廟後洪武丙子知縣張貫建正統知縣王英重建甲子燬乙丑知縣鄭崇建萬曆甲戌知縣李純朴改建文廟西崇禎甲戌教諭蔡彥遷重修前堂有桂二本一册桂一月桂有槐左右各三

教諭潘師道植每遇大比桂發枝則應鄉試中式
多寡數康熙壬戌知縣程藻重修　按朔望日謁
廟後卽至彝倫堂講學考課每歲鄉飲酒禮升賓
興大典皆在此舉行今多作明倫堂故仍之

文昌祠明倫堂東教諭陳巽明修文昌像辛酉知縣程藻重修

土地祠明倫堂西

教諭衙　訓導衙俱在文廟之東久燬康熙壬戌知
縣程藻重建教諭衙三間於啓聖祠後訓導衙三
間於明倫堂西教諭盧縡亦建三間於本衙後

尊經閣在講堂後萬曆甲戌知縣李純朴建久已圮

廢康熙二十一年壬戌知縣程藻捐俸重建於明
倫堂後開闢基址規模弘大江陵副使胡在恪邑孝廉劉懋夔有記
按尊經閣貯　頒降書籍四書大全五經大全五
倫書二十六本孝順事實二十本爲善陰騭書五
本閣既久燬書已亡失志存其目今新建尊經閣
成知縣程藻復捐資購備四書大全一部四書直
解一部易經廣義一部尚書講義會編一部詩經
合參一部禮記說約一部正韻春秋一部孝經一
部資治綱目通鑑一部周禮一部性理大全一部

以倫諸生纘閱

敬一亭在文廟後萬曆甲戌知縣李純朴建久廢

按嘉靖六年頒御製敬一箴及視聽言動心五

箴碑石天下皆知制

講堂在文廟後成化辛丑知縣廖鉉建久廢

學倉在類池南久廢

射圃亭在學東正統乙丑知縣鄭崇教諭楊逖建內

有觀德亭爲間者二西向每率諸生習射久廢

社學一在縣西正統甲子知縣鄭崇建一在縣東嘉靖壬寅知縣李時暘建萬曆甲戌知縣李純朴

重修

祭器庫三間　神厨三間　宰牲房五間　東西齋房三間　號房三十間　會饌堂三間　永豐倉三間　以上兵燹之後盡屬傾圮

威鳳祥麟坊　儒學前明教諭靳朝相建　康熙壬戌知縣程藻修

頖池萬曆甲戌知縣李純朴自捐銀三十兩置買鄉宦龔釗池塘一口週九十六丈計三十一畝東西至官街南抵分司墻北至黌門池有大小瀛洲倒地文筆六水歸池通小沙湖亦泮水之奇觀也

學田

學田萬曆三十三年三月巡道周發銀一百兩置買田地七十六畝坐載藘車湖又田地三十畝坐載新興垸共稞穀五十八石七斗稞銀二兩七錢遞年存貯聽候申請給賑貧生自壬午兵變佃逃田荒至順治六年始招佃開墾成熟水田四十畝每年完租穀二十七石成熟白地七畝每年完租銀九錢三分至康熙十五年奉　文撥充兵餉二十一年生員胡公陶等具呈請援

憲例開復支給已經申詳聽候　部示

又文廟後有瑞蓮池計一十一畝一分今淤作田本學召佃共稞銀三兩四錢五分奉　宗師曹批准以作諸生月考之費　又母家垸白田三畝遞年完租八錢本學支用

按學田爲周貧士置也但田置過少穀入不多恒不足以周其急如投醪於河而望飲者醺也難矣今後所望於賢牧者留心於此收貯得所給散得法庶乎士沾實惠而田不虛置章縫厚幸循良善

政僉見之矣

學糧

俸膳春秋二祭錢糧幷科歲考花紅盤費俱載賦役全書

洪武十五年壬戌定生員廩饌先是月米六斗後又增日米一升魚肉鹽醯皆官給之至是始定月米一石爲例

十八年乙丑初歲貢生員

二十年丁卯詔增廣生員不拘額數復其家

宣德二年丁未詔廩膳生員二十人增廣生員二

十人附學無定額間歲一人應貢

國朝康熙癸卯年裁去廩膳銀每年止存七錢二分

是年停止歲貢士

八年庚戌仍復歲貢士

秩祀

先師廟以二仲月上丁日致祭先期主祭者詣廟齋

戒省牲次日用　帛一　爵三居中次　登一盛

太羹　鉶二盛和羹次　簠簋各二盛黍稷稻粱

次左　籩八形鹽藁魚棗栗榛子菱芡鹿脯白餅

黑餅。右豆八。韲菹、醓醢、菁菹、鹿醢、芹菹、兎醢、笋菹、魚醢、脾析、豚胉。次羊豕各一。次香燭、禮儀。

四代樂奏大成。舞用六佾。詳後禮樂考。

四配同日祭每配各一設籩豆損其四

十哲共二設簠簋各損其一籩豆同四配

兩廡每四位一設帛居中總奠簠簋籩豆同十哲

啓聖祠以是日五鼓祭。取子不先父食之義也。陳設同先師籩豆損其四但去樂舞仍飲福受胙耳四配兩廡儀同兩廡

名宦鄉賢釋奠畢各用　羊一　豕一　爵三　帛一祭之

諸從祀

著從璺食，吉士江濱。允殖日兆，幽贊惟神。景福聆鑾，穆愉騈臻。無文咸秩，鼓坎舞蹲。樂只衎爾，洽彼群倫。

程之洛曰：古者將田祭貉，將射祭侯，食必祭先倉，爨必祭先炊，不忘本也。聖賢廟祀，固教化之源；鬼神壇壝，乃人民之主。由來秩祀有以。夫仙佛果殊於聖域，總是明心。寺觀制別於櫺星，均之護國，故附焉。易曰：聖人以神道設教，義具是矣。

曾三壽曰、先聖之祀、並兩儀不朽矣、古者諸侯得祀其封内山川、以其出雲氣、興風雨、故曰神、外此以死勤事則祀之、以勞定國則祀之、能禦大災則祀之、能捍大患則祀之、今之壇壝廟祀是也、至若釋道二氏、丹臺金闕、寶相珠珞、往往不絕於寰宇、試觀名山大川、靈岩邃谷、非仙人之窟宅、則衲子之精廬、相傳已久、未可泯也、況暮鼓晨鐘、足以警喚昏頑、泥金瀉碧、藉以點綴林泉、附著於此、以備一邑之紀載云、

社稷壇在東南門外其祭月用二仲戊木主二俱北
面用羊一豕一爵三帛一　按諸壇各方二
丈五尺高三尺四寸陛三級俱有定
制今年久圮廢僅存其地聊薦歲事

風雲雷雨壇在東南門祭凡同社稷木主三俱南向
風雲雷雨居中山川居左城隍居右用
羊四豕四帛
四爵各三

厲壇在北門外以清明中元十月朔致
祭俱以城隍主之有　御制祭文

八蜡壇嘉靖初勅祭之今遺址不可考按蜡者索也
歲十二月大索羣物而享之一先嗇二司嗇
三農四百種五郵表畷
六坊七水庸八猫虎

城隍廟在學西每歲同祀於山川者二獨祀於厲壇
者三新官涖任必先謁神與之約誓務陰陽
表裏以安下民　按萬曆丙辰道士郝道行奉例
納南京太常寺協律郎簽管本縣道會司一十二

年至　本朝順治十三年道行徒孫曾刻聽納碩部牒復管道會四載有張眞人劄付符籙廟圯壬戌知縣程

公重修

文昌閣　明知縣劉源建在學宮東南爲邑中壯觀按文昌即北斗第六星名司祿見周禮標燎元命苞云司祿賞功進士明初列爲五祀之一今學宮有祠卑隘不足以妥神且訓導劉帝孫善堪輿云監邑士風不振皆因是閣之圯時議重建

羅漢寺　縣治南僧會司任焉安置　龍亭每朝賀祝萬壽皆在寺中

上清觀　縣治西北道會司任創於唐重修於天啓三年

五通廟　在縣治西北按五通即周禮疏云天文有五帝坐星東方蒼帝靈威仰南方赤帝赤熛怒中央黃帝含樞紐西方白帝白招拒北方黑帝汁光紀是也廟創於宋成於明康熙八年知縣儀夢

卜重修前殿

關帝廟 一在保和門上一在北關外按關聖天下通祀荆屬爲甚以其鎮荆日恩德及民者深也祭以五月十三日 **觀音閣** 在縣治後 **南嶽廟** 在縣治東南

東嶽廟 在南關 **凌雲宮** 在東關迎春於此宮旁有無成和尚塔

保合宮 在北關外祀真武 **洞庭廟** 在縣北 **伍公祠** 祀子胥在縣南

三閭祠 城東七里拾遺記曰屈平以忠見斥乃赴清冷之水楚人思慕爲之立祠唐封昭靈侯宋封忠潔侯元封清烈公明始復稱三閭大夫之神命於五月五日祭之

文公廟 在縣東南二十五里祀朱夫子宋光宗時歷荆南轉運使知江陵府戢姦吏興學校四方學者畢至故至今祀之俗稱丞相廟非 考府志亦曰朱文公

永鎮宮在車灣縣東二十里庚寅堤潰陡沉一淵廣袤里餘屢水不移中立一宫名曰永鎮始終賴其神靈安若磐石

永何廟在車灣

轂廟縣東江堤上宋夏六月江水決堤忽夜多怪風雨雷霆大作旦有司巡視得雷車轂木因轂跡而堤成是以祀之

歐將軍廟在縣東六十五里水府之神

蕭公廟在江上水神也徐文長云蕭公名伯軒宋末新淦人其子祥叔元人孫天任永樂時人并為神敕封水府通靈廣濟顯應英佑侯

晏公廟在縣西南水神也

何丫公廟在車灣何公監利人遼籓請敕為順江王立廟錫以儀衛監邑前襟三江後達漢沔故江瀆諸祠獨著靈異有以也

銀杏寺縣東南三十里寺前有小山高不盈仞廣不盈丈嶙嶙有千仞勢在駱堤水田中外多崩

瀆而一隅遥拱野老云山雖小數百年如故

皇功寺縣東七十五里

吳王廟自螺山祀吳孫權吳自襲荆後適逢大疫乃盡除荆屬租稅荆循之恩入人者深故至今祀之

三賢祠在縣東二十里府志

祖師廟

鐵牛廟在縣西四十里寺前有鐵牛故名元孔思明有頭角崢嶸近水犀之句

靈隱庵在縣西北四十里庵有佛像將傾木匠陳興兒修之內有字云唐貞觀　年製至明陳興兒修此人數學不滅李郭矣菴創於唐一證也

香城觀在縣西北六十里

伍相祠在香城垸公故里也有倒插槐邑人李公桃有聯云一生辛苦君臣地千載神遊父母邦人稱爲絕對云

荆臺觀在縣西北六十五里即古荆臺靈王所遊司馬子綦諫處也又梁震唐亡歸蜀爲高季昌

所留寓此有清風萬古凜荆臺之句明御史任倫能爲觀道士後仍歸老於觀焉觀古有田三十餘畝被土人兼并范中尊審斷還觀前志昭然

觀音寺 在城北二十里

高王廟 在城西北五十里五代時高季興嘗出諸幣八萬緡築梅林倉庫古堤三垸民至今祀之

馬王廟 在城西北四十里伏波祠也公征交趾經此民感其惠故爲立祀稱馬王非

紫微寺 在城東北七十里宋王十朋有詩陸務觀入蜀曾泊此日紫湄

虹山寺 在縣東二十五里

水西寺 古蹟今建藏經閣

種福寺 在縣東北六十里宋名廣福前有白雲軒陸務觀曾坐軒中烹茶破橙見入蜀記

萬安寺 在縣東北六十里

圓通寺 古蹟白螺山

福田寺 縣北三十里宋王十朋有詩

北洲寺在縣北五十里前祀有馬伏波祠郎古北竺山傳爲馬伏波征五溪過此建寺環化丘湖其八角井化泉爐久湮沒矣李桃劉肇國俱有碑記康熙巳未寺前偶鑿小井未及一仞泉水湧出澄徹芳芬沉痾服之立起近及州里遠游山川取之無不應驗或亦仙井之化跡與特記之

關帝行宮縣西四十里郎堤頭天啓三年堤決成潭周六七里深十數丈傳有異物虐爲堤患康熙乙卯歲　貝勒王　總督蔡　駐營茲土捐修大關廟於潭前巳圯庚申知縣程公藻重修週圍封砌建造後殿佛像安僧人置香燈常自供奉永爲福鎮

茶庵今改鴻雪　準提菴　資菴　白衣菴以上俱附郭

鹿苑菴禪林　藏經閣新建　長樂菴　素仙菴明建

祗樹菴縣東二十里車灣垸內久經頹敝知縣程藻兇運車灣寓菴內重修完固

金輪菴　觀音菴　獻珠臺廟古蹟　晉安堂古蹟

三官殿明建俱縣東　盧公廟在頖池側聯文昌閣舊基

典禮考

文廟大祭儀註

通贊唱各就位執事者各執其事陪祭官各就位

分獻官各就位正獻官就位引贊引獻官至拜位

唱就位通贊唱瘞毛血執事者捧毛血盤從中門

出瘞於坎通贊唱迎神樂奏咸和之曲行四拜禮

平身樂止奠帛通贊唱行初獻禮引贊亞獻官前

唱詣盥洗所唱酌水進巾詣酒尊所司尊者舉冪
酌酒執事者執爵捧帛引贊引獻官由中門入朝
上立唱詣　至聖先師孔子神位前樂奏寧和之
曲唱跪奠帛獻爵俯伏興平身詣讀祝位唱跪通
贊唱衆官皆跪引贊唱讀祝樂止
維某年某月某日某官敢昭告於
至聖先師孔子神位前惟　師德配天地道冠古今
删述六經垂憲萬世惟茲仲春秋謹以牲帛醴齊粢
盛庶品式陳明薦以　復聖顏子　宗聖曾子

述聖子思子　亞聖孟子配尚饗讀畢樂奏安和之曲通贊唱俯伏平身引贊唱詣復聖顏子神位前跪奠帛獻爵俯伏興平身詣宗聖曾子神位前儀同詣述聖子思子神位前儀同詣亞聖孟子神位前儀同通贊唱行分獻禮各引贊引分獻官各詣哲廡神位前儀同同唱復位樂止通贊唱行亞獻禮樂奏景和之曲引贊唱詣酒尊所起以後俱如初獻復位樂止通贊唱行終獻禮樂奏景和之曲儀同亞獻復位樂止通贊唱飲福受胙引贊至獻官前唱詣飲福位在讀

祝所跪飲福酒受胙捧胙者由中門出唱俯伏興平
身復位謝胙行二拜禮通贊唱徹饌樂奏咸和之
曲執事者各於神案籩豆稍移動通贊唱送神樂
奏咸和之曲通贊唱四拜禮興平身樂止通贊唱
讀祝者捧祝奠帛者捧帛各詣瘞所執事者各取
祝帛先師帛從中門出其餘從右門出通贊唱望
瘞曲同送神各執事捧祝帛往瘞所引贊詣獻官
前唱望瘞待焚祝帛畢唱禮畢
啓聖宮儀註與文廟同減飲福受胙樂舞

祝文　惟公誕生至聖爲萬世王者之師功德顯著茲因仲春秋特伸祭告以　先賢顔氏　先賢曾氏　先賢孔氏　先賢孟孫氏配尚饗

名宦祠

祝文　惟神乾坤正氣膺期運而挺生海岳儲精奄寰宇而間出或道德之隆重動關綱常或功德之振揚有裨世敎神雖異方而功績丕覆於茲土者攸同世代雖殊而惠澤咸戴於人心者則一維茲仲春秋祀典肇舉某等司存職事叨僭吉蠲仰惟

精靈英爽如在尚饗

鄉賢祠

祝文　惟神氣含神象峻德徵明神萃岳靈丰裁特秀或揚歷臺閣功存社稷或宦遊郡縣澤及生民豐功巍績之隆丕顯當代氣節風概之遺佑啓後人某等叨守茲土用伸常祭惟神儼在綏我思成尚饗

禮器考

簠形方高七寸濶八寸一分徑長一尺一分簋形圓

高六寸七分深二寸八分濶五寸徑七寸九分簠

簋皆盛黍稷之器有虞曰敦夏曰瑚商曰璉周曰

簠簋刻木爲之數各一百一十

籩古今皆竹制爾雅及鄭氏說以木口徑四寸九分

通足高五寸九分足徑濶五寸一分上深一寸四

分豆高廣同籩夏楬豆殷玉豆周獻豆爾雅及鄭

氏說以木周禮旊人說以瓦呂氏考古圖設及政

和近制以銅郊特牲曰鼎俎奇而籩豆偶陰陽之

義也籩豆之實水土之品也

登數六木爲之高一尺四寸俎長一尺八寸濶八寸
　高八寸五分兩端赤漆中央黑數奇明堂位曰周
　以房俎鄭注云房謂足下柎也
籩數二十竹爲之用以承幣高五寸長二尺八分濶
　五寸二分深四寸蓋深二寸八分
鉶範金爲之三足口有兩耳上有蓋施三紐用薦和
　羹　尊祀先聖備四代禮記曰泰有虞氏之尊也
　貴本尚質高八寸一分口徑五寸七分腹徑六寸
　足徑三寸八分深六寸五分山尊夏氏之尊也形

如壺刻畫山雲狀著尊明堂位曰商尊曰著著地而無足也周曰犧象犧牛形取犧牲享食之義象取形如象以明乎夏德夏者假也萬物之所由化也皆範金爲之用以貯酒

爵明堂位曰夏以琖商以斝周以爵洪氏曰太常爵制兩柱三足隻耳侈口今廟中僅存三爵亦法物也坫以置爵亦承尊陸氏曰古者爵有承盤坫與豐是也施於燕射曰豐鄭注云豐似豆而卑木製縱廣九寸中畫雲

籩巾以絳帛爲圓幅用以覆籩豆龍幕以絳帛方幅爲之中畫雲龍兩旁畫彩四角綴以金錢用以覆尊若兩廡則不可畫龍止用青

祝版以木爲之高九寸濶一尺二寸用白紙寫祝文貼之祭畢揭而焚之

聞之君子祭器未成不造燕器矧一邑大祀可不脩器乎里胥供具聊藉歲事群吻毁穢之物瀆莫甚焉今按祭器尊爵而外餘皆竹木備賢有司留心修舉庶幾王祀大典永永有光矣

樂器考

鐘一堵磬一堵琴六瑟二鳳簫篪塤搏拊簫遂各二笙四鼓一柷一敔一樂生三十九人歌生六人麾生一人凡四十五人俱堂上之樂其叙則麾生一人立神位左西向次左柷右敔次左右搏拊各東西對立次琴六人左者以次而東右者以次而西俱北向立次左右瑟各一次左右笙簫笙在內簫在外次左右篪塤鳳簫及遂亦以次而東西北向立於笙簫之後次鐘右磬又次楹鼓居其左焉總

之不外八音而已

八音

一曰金金鐘也世本云垂所造周禮編鐘編磬凡十六枚謂之堵起八音倍而設之鐘一堵磬一堵謂之四其縣橫曰簨縱者曰簴八簨凡二層下簨自右而左首黃鐘次姑洗以合字應次大呂次太簇四字應次夾鐘次姑洗一字應次仲呂上字應次蕤賓勾字應次林鐘尺字應上簨自左而右首夷則次南呂工字應次無射次應鐘凡字應其聲以

漸而清至應鍾清之極也又繼之以清黃鍾六字應清大呂清太族五字應清夾鍾又清之極而接乎其間者也製法。巳厚則石巳薄則播侈則柞弇則鬱長甬則震其杪惟斟酌於鉛錫而已

二曰石磬也世本云叔所造爾雅云形似犁錧惟泗濱之石中律在縣之次與音律悉如編鍾凡奏樂先擊鍾樂闋則擊磬以收謂金聲而玉振之也。

三曰絲即琴瑟也并同今樂

四曰竹鳳簫也簫也箎也籥與篴（即笛）皆截竹爲之皆

同今樂惟鳳簫世本曰舜造編竹爲之黄鍾之管長九寸其音宫大吕八寸三分七釐六毫太簇八寸其音商夾鍾七寸四分三釐七毫三絲姑洗七寸一分其音角仲吕六寸五分八釐三毫四絲六忽甤賓六寸三分八釐其音變徵林鍾六寸其音徵夷則五寸五分五釐一毫南吕五寸三分其音羽無射四寸九分八釐四毫八絲應鍾四寸六分六釐其音變宫此五音六律十二管還相爲宫之義也加黄大太夾四清聲凡十六管其制以木爲

積納管其中齊其上出一寸五分下則自右而左以次而短其聲長者濁短者以漸而清管中各開半竅自右吹之第一管爲黃鍾第三太族第五爲姑洗第六仲呂第八林鍾第十南呂第十二應鍾第十三清黃鍾第十四十五俱清太其形參差象鳳之翼其音六律六呂象鳳雌雄之聲故以鳳簫名也篪爾雅曰大篪謂之沂音銀一名翹長一尺四寸圍五寸三分橫而左吹前四孔後一孔底一孔凡六孔俱閉輕吹則爲黃鍾底一孔爲太簇底

上第一孔爲姑洗二孔爲仲吕第三孔爲林鐘第四孔爲南吕凡吹太簇以下諸律開本孔餘俱閉後一孔爲應鐘凡吹應鐘開此孔並底上第一孔與第四孔凡吹清黄鐘六孔皆開吹清太簇六孔皆開但重吹之即是與塤同聲故詩以比兄弟

五曰匏即今之笙也

六曰土塤也世本云暴新所造爾雅云大者曰器前三竅如列品字後二竅並列除吹口前後凡五竅吹時先以二名指屈蟠塤底而以兩手大中食五

指龠閉五竅平氣俯脣輕吹則爲黄鍾徵仰爲太簇又俯仰開微加氣而吹爲姑洗如吹仲吕則啓右手食指吹林鍾則啓左手中食二指吹南吕則前三竅俱啓吹應鍾則啓左手大中二指并右手食指吹清黄鍾則五指皆啓吹清太簇惟左手中指閉下一竅餘皆啓

七曰華即楹鼓也搏拊也風俗通曰楹鼓其高六尺六寸設重斗中植一柱上貫方蓋繚以綵簷璧翣凡樂之作必先鼓以聲之連擊三通或急或慢每

通十二擊凡三十六擊以當一歲之數三通既畢又從容三擊而衆樂翕然作矣自後每奏樂一句必三擊之以爲節所謂鼓無當於五聲五聲不得不和也搏拊鼓也形如鼓而長中實以糠以其或搏或拊故名其用每奏樂一句聽楹鼓一擊而即此一拍以尾之故三擊三拍但初拍用左手次拍用右手三拍則兩手齊作以爲樂之節也

八曰木木柷也敔也並不知誰所造柷以桑木爲之上二尺四寸下半之深一尺八寸中虛有底以止

擊之柄長一尺有四以梓木爲之止俗呼爲椎凡奏樂先以止撞底復擊左右共三聲乃舉樂書曰戛擊禮曰揩擊樂記曰聖人作爲控楬所造亦遠矣敔狀如伏虎背上有二十七鉏鋙以竹長三尺曰籈折莖十二每樂闋先擊其首三戛逆櫟鉏鋙亦三而樂止爾雅曰所以鼓柷謂之止所以鼓敔謂之籈止者欲戒止於其早也籈者欲修潔於後也控音腔楬音揭櫟音曆籈音甄八音之外別有麾協律郎執之以令樂歌爲其制高七尺濶一尺二寸綴纁帛爲

之今易以絳繒書升龍於前降龍於後朱竿長八尺五寸樂將作司麾者舉而唱曰迎神奏樂咸和之曲依樂章次第唱之舉之則升龍見樂乃奏偃之則降龍見樂乃止所以指麾樂之起止也

頌行大成樂章

迎神　咸和之曲無舞

大太四　哉南工　宣林尺　聖仲上　道太四　德仲上　尊林尺　崇仲上　維南工　持林尺

王仲上　化太四　斯林尺　民仲上　是黃合　宗太四　典黃合　祀太四　有仲上　常林尺

精南工　純林尺　並太四　隆仲上　神黃合　其南工　來林尺　格仲上　於林尺

昭仲上聖黃合容太四

奠帛寧和之曲有舞

自太四生仲上民林尺來仲上誰太四底黃合其仲上盛太四惟南工王林尺

神仲上明太四度黃合越仲上前仲上聖太四粢仲上帛太四具仲上成林尺

禮黃合容太四斯林尺爾仲上黍太四稷南工非清黃六馨林尺維南工

神林尺之仲上聽太四

初獻安和之曲有舞

大太四哉仲上聖黃合師太四實南工天林尺生仲上德太四作仲上樂太四

以仲上崇林尺時仲上祀太四無林尺斁仲上清清黃六酤南工惟仲上

馨仲上嘉林尺牲仲上孔黃合碩合薦太四羞南工神清黃六明林尺

庶南工幾林尺昭仲上格太四

亞獻景和之曲有舞

百仲上王南工宗林尺師仲上生林尺民仲上物太四軌黃合瞻黃六之南工

洋林尺洋仲上神林尺其仲上寧太四止黃合酌太四彼黃合金林尺罍

仲上惟南工清林尺且太四旨仲上登仲上獻太四惟林尺三仲上於黃六

嘻南上成林尺禮仲上

終獻曲同亞獻有舞

徹饌咸和之曲無舞

犧仲上象太四在仲上前林尺豆太四籩仲上在黃合列太四以太四享南工
以林尺薦仲上既仲上芬林尺既太四潔仲上禮黃合成太四樂仲上備
太四人南工和林尺神仲上悦太四祭黃合則太四受仲上福林尺釐黃太
遷南工無林尺斁仲上

送神　咸和之曲無舞

有太四嚴南上學林尺宫仲上四黃合方太四來仲上崇太四恪黃六恭南工
祀林尺事仲上威南上儀林尺雝仲上雝太四歆仲上茲林尺惟南工馨
林尺神仲上馭太四還林尺復仲上明黃六禋南工斯林尺畢仲上咸南工
膺林尺百仲上福太四

望瘞曲同送神無舞

歌舞

禮記曰歌者上如抗下如隊曲如折止如槀木倨中矩句中鉤纍纍乎端如貫珠形容盡矣舞惟三獻樂章有之迎神送神徹饌俱無明嘉靖定用六佾佾各六人左右共三十六人持節二人凡舞有節有籥有翟節制凡七纓纓各一尺竿長八尺五寸執籥者分立於東西兩階舞生之前以節其舞籥制長一尺二寸二竅朱飾歷代文武之樂左手執

之以舞翟制以木爲之柄一尺八寸每翟用雉尾三著於竿上右手執之以舞歌前樂章每歌一字

按洪武二十六年頒大成樂天下令州縣儒學如式造製

國朝因之夫八音之器聖人法八風而爲之其聲出於五行自然之氣而清濁高下八音克諧故奏之可以格神祇和上下修巳治人移風易俗以臻上理無難也監邑雖荒殘之后未遑議樂時値蕩平祀典全復文教日興故詳列其制以備參訂云

鄉飲禮

鄉飲之禮古有三鄉大夫獻能於君而賓之則舉黨正索鬼神屬民而正齒位則州長習射於庠序則舉明洪武五年令州縣以歲正月望日十月朔日於明倫堂舉行與祭厲同日即古索鬼神之義也行於學宮即古養老於庠序之意也古有揚觶無讀律今兼因官讀法之義加讀律一條以補揚觶之不足也賓主獻酬笙歌節奏使賢者有以自奮不肖者無以自容誠尊德尚齒化民善俗之首務

也惟賓介及衆賓必愼簡有德勿循情濫及庶無
負先王創制之初心也

鄉飲儀註 明

一迎賓二揚觶三讀律誥四
獻酬五歌詩六徹饌七送賓

凡鄉飲酒禮至日主席及僚屬司正先詣學宮衆賓
至禮生一人報賓至主率僚屬出迎於門外引贊
四人引至庠門外主東賓西序立通贊唱揖平身
主肅賓至儒學門下唱揖平身至禮門下唱揖平
身至明倫堂下主賓三讓唱升階至月臺前執事

擊鼓三聲唱升堂執事鋪席唱排班班齊鞠躬三
禮興平身唱主賓以下皆就席坐坐畢唱揚觶引
贊至司正前唱詣揚觶所通贊唱主賓以下皆起
引贊以司正至所以酒授司正唱揚觶司正揚觶
恭惟　朝廷率由舊章敦崇禮教舉行鄉飲非為
飲食凡我長幼各相勸勉為臣盡忠為子盡孝長
幼有序兄友弟恭內睦宗族外和鄉里毋或廢墜
以忝所生揚觶畢通引唱揖平身引贊唱飲酒通
引同唱揖平身引贊唱復位通贊唱主賓以下皆

坐通贊唱讀律誥引贊至讀律誥前唱請讀律誥
所通贊唱主賓以下皆起引贊引主至前展律誥
通引同唱揖平身引贊唱讀律誥生讀曰鄉飲酒
禮凡鄉黨序齒乃鄉飲酒禮已有定式違者笞四
十講讀律令凡國家律令參酌事情輕重定立罪
名頒行天下永爲遵守百司官吏務要熟讀講明
律意剖斷事務每年歲終在內從察院在外從分
巡御史提刑按察司官按治去處考校若有不能
講解不曉律意者初犯罰俸錢一月再犯笞四十

附過三犯於本衙門遞降叙用其百工技藝諸色人等有能熟讀講解通曉律意者若犯過失及因人連累致罪不問輕重幷免一次其事干謀反叛逆者不用此律讀畢讀大誥曰鄉飲酒禮朕本不才不過申明古先哲王教令而已所以鄉飲酒禮叙長幼論賢良別奸頑遠罪人其坐席間高年有德者居其上高年淳篤者幷之以次序齒而列其有曾違條犯法之人列於外坐同類者成席不許干於良善之列主者若不分别致使貴賤混淆察

之或坐中人發覺主者坐以違制奸頑不由其主紊亂正席全家移出化外的不虛示嗚呼斯禮殆古先哲王之制妥良民於宇內亘古至今典者鄉里安隣里和長幼序無窮之樂又何言哉吾今特申明之從者昌否者亡讀畢通引贊唱揖平身復位通贊唱主賓以下皆坐唱供案執事者徧舉饌案訖通贊唱主獻賓引贊至主前通贊唱主賓以下皆起引贊唱請獻賓引主至賓位執事者以酒授主通引贊同唱揖平身主以酒授至賓席同唱

揖平身引賛唱復位通賛唱賓酬主引賛至賓位
唱請酬主引賛引賓至主位弁以獻賓之儀復位
通賛唱主賓以下皆坐通賛唱斟酒飲酒唱供饌
唱請饌又唱斟酒歌詩鹿鳴章又唱斟酒飲酒供湯
飲湯又唱斟酒歌詩飲酒或五行七行湯饌如之
歌五七章歌通賛唱徹饌賓主桌席以次徹畢執
事者鋪席唱主賓以下皆起僎主僚屬俱居東三
賓衆賓俱居西通賛唱排班班齊鞠躬拜興拜興
平身通賛唱送賓賓東主西引送至大門外唱排

班班齊揖平身禮畢

一賓以年高有德及致仕官爲之　僎以佐貳官爲之　一主以掌印官爲之　介以次長者爲之

鄉射禮

鄉射禮明初以古禮繁多斟酌文質取其切義設圖於學而特爲示以習射之法先期定耦樹鵠鵠古謂之侯鄉射用鵠一采鵠官所射二布鵠無采諸生所射至期請射者引主射正官及諸生各就位

司射者置弓矢於前請射者詣司器授器貫決決鉤弦之器也施遂遂射鞲也乃復位詣司射前請誘射各以齒

讓齒上者爲上射齒下者爲下射凡射以二人爲耦耦各四矢每一隅進司正執八筭於手伺矢中則投筭鹿中受筭之器形如鹿也筭上仍書射者姓名以紀數定賞射已復位收矢者復矢於射者三射俱巳

司正各持筭白中於正官舉爵者酌酒授中者凡酒中的者三爵中釆者二爵飲訖復位請射者詣納器於司器揖讓而退

賓興禮

賓興禮即古鄉舉里選法今之歲貢科舉其遺制也然迎送之禮例應於明倫堂舉行此禮久廢知縣程藻於辛酉科始行之極一時盛事

監之學校廢弛已久向父母師長而考道問業者概不多見　邑侯程藻自戊午至止當軍書倥傯之時尤必大集文武諸生社師儒童季考月課按時不輟每會供給出自內庖必令精潔無或苟且校閱試卷嚴加品隲肯宗朱註法遵先輩而潤色

則因時尚風氣以調劑之春華秋實務期備美細批總評涯意斟酌郎一比一句善則必録其落卷亦必自首至尾批指獎端令得以正其優列者資之膏火儒童能文亦以紙筆獎掖之迄今鼓勵振興文風一大丕變矣至新進諸生送學肄業久不舉行公特捐三十金買備花紅而寄籍外學亦與勝集於大堂盒酒迎送親藻展謁

先聖拜見學師考鐘伐鼓升畫講書俾復舊制其賓興應試盤費例裁儀文久缺公則具備請啟設餞

大堂各送卷資花紅綵仗仙橋月宮迎出東郊舉酒送行數十年曠典一旦舉行士氣大伸通國稱慶

程之洛識

學規

國朝新臥碑

朝廷建立學校選取生員免其丁糧厚以廩餼設學院學道學官以教之各衙門官以禮相待全要養成賢才以供朝廷之用諸生皆當上報

國恩下立人品所有教條開列於后

一生員之家父母賢智者子當受教父母愚魯或有非爲者子既讀書明理當再三懇告使父母不陷於危亡

一生員立志當學爲忠臣清官書記所載忠清事蹟務須互相講究凡利國愛民之事更宜留心

一生員居心忠厚正直讀書方有實用出仕必作良吏若心術邪刻讀書必無成就爲官必取禍患行害人之事者往往自殺其身常當思省

一生員不可干求官長交結勢要希圖進身若果心
善德全上天知之必加以福
一生員當愛身忍性凡有司衙門不可輕入即有切
已之事止許家人代告不許干與他人詞訟他人
亦不許牵連生員作証
一為學當尊敬先生若講說皆須誠心聽受如有未
明從容再問毋妄行辨難為師者亦當盡心教訓
毋致怠惰
一軍民一切利病不許生員上書陳言如有一言建

白以違制論黜革治罪

一生員不許糾黨多人立盟結社把持官府武斷鄉曲所作文字不許妄行刊刻違者聽提調官治罪

順治九年禮部　題奉

欽定條約八款須刻學宮謂之新臥碑

講約規學校爲興行教化之地申明鄉約講解六諭正立教之本故附志之

講約每年農隙時知縣率屬官及紳衿耆老於關外設立會所陳香案安

聖諭牌於上設講席初至擊鼓三聲約贊二人對立

鄉約高聲宣唱
聖諭唱畢鳴鼓序坐高聲講解講畢鳴鼓九聲相揖
而退知縣程藻著有鄉約事宜已詳哉言之矣眞
百世不刊之法謹記其畧

舊志論曰記有之禮從陰作樂由陽來致鬼率神
成民達化凡以維持世教也孔子之祀媲諸星辰
嶽瀆澤沛功崇萬世勿替已末俗剛狠自用莫肯
信入像設遺言悚提禍福乃始瞿然以思懍然以
懼思則善心生懼則敬念起而忠孝仁讓油油被

服爲夫祭有舉勿廢其以是哉

程藻辨曰舊志有秩祀而無學校以

文廟首秩祀爲加詳次則壇社寺觀悉紀序之考府

志則以秩祀文教各爲一書而以風土附之文教

吾監崇禎年間王廣文謫舍政者則專修一學志

於邑志無關涉也今讀諸本知其各有所取無非

爲人心世道使有得其一節可以攝其大全雖意

有可諒而不足爲吾監可守之法也夫舊志以秩

祀首文廟謂其莫重於文廟既重之矣不必復言

學校也府志則明初建湘藩於荆立社稷山川壇於郭之內外前代帝王如梁元楚莊功臣將相如漢之武侯繆壯伏波晉之杜預羊祜陶侃唐之孫鐵女宋之岳武穆皆所以保封疆而重專祀祠像巍然薦馨香以報功德歲時猶恐或後非若

至聖爲天下之所共尊而必於春秋之二丁舉之此秩祀與文教并重也其以風俗麗於文教之中者亦平平易易於以彰

聖人之道之大非若表奇猷異績赫然於今古之間

者也吾監屬荆非無秩祀亦非有神之專祀於邑者則一邑之祀以文廟爲主禮樂教化縣此興起其他未嘗不類舉也故王廣文獨修一學志敬慎周容可爲世則惜其不獲與邑志并傳者以其有仁義道德之所尚而不同於布帛菽粟之可宜民用也且非鬼而祭聖以爲謟周禮祭祀以黷鬼神未有無嘗於祀典而用事者余固以學校立爲一志而秩祀附之未嘗無秩祀矣以風士立爲一志而文教因之未嘗無

文教矣以學校爲吾邑之秩祀以文教郎吾邑之風俗不愈以重吾邑而志得其大者乎於是擇王公之體要採禮樂器數學規及往志之所未備者盡舉而修明之則王公之學志得與邑志併垂不朽矣後之採風者將以重吾監之學校乎重吾監之秩祀乎必有辨矣

監利縣志卷之四

邑令古歙程　藻　輯定

邑人　程之洛　纂修
　　　曾三壽

新安盧　絳
古亭劉韋孫　校訂

賦役志

隨刊奏夢雲作排茨棘芟萑蒲天產殷壤賦錯食

哉時斂從薄厚民生爰帝度古粤稽今所酌

程之洛曰什一而稅古制也攷之於今任土作貢不甚相遠於民何病乎襍泒包侵滋弊而訟獄因之於是民病矣民病何以足國吾監近賴神君冰飲蘖茹革除種種陋規從前習俗如疾風之掃秋葉是以安土樂業輸將恐後而愁讟之不作也後之君子覽賦役非賦役者其可省思乎

一戶口

戶口論

曾三壽曰周禮載荆俗一男二女蘇軾有言荆襄

有可耕之地而無其人則地之遼曠與人之稀鮮自昔傳之矣古者歲登民數王拜而受之藏之天府示至重也其盈縮繁耗未有不詳且實者後世有司惟成法是守在下或多巧僞覈實較量遞增遞減難巳今邑因亂以計糧因糧以筭丁雖非立法之初意要亦因時之權衡也

戶正統捌年伍千玖百柒拾伍　成化捌年視正統間減貳拾貳　正德柒年視　成化增陸百陸拾貳　嘉靖元年視正德同　隆慶肆年視嘉靖增

貳百貳拾　萬曆初陸千捌百叁拾柒　府志同

民壹千肆百捌拾壹軍貳千肆百壹拾貼軍壹千玖百貳拾玖匠壹百肆拾陸醫叁僧叁道叁

口正統捌年貳萬捌千壹百捌拾伍　成化捌年減捌拾陸　正德柒年視成化增壹萬壹千叁百陸拾玖　嘉靖元年同　隆慶肆年視嘉靖減貳萬陸千肆百陸拾　萬曆元年視隆慶肆年減伍千貳百壹拾　實計口陸千捌百叁拾貳

府志載叁萬叁千玖百壹拾捌男子壹萬伍千伍百壹拾貳婦女壹萬貳千陸百陸拾口

戶口增減數今無册可攷

原額人丁陸千玖百零二丁

本朝初年實存陸千肆百玖拾陸丁　康熙元貳年實存伍千捌百貳拾壹丁　康熙拾年增貳百壹拾玖丁　康熙貳拾壹年增貳百貳拾陸丁

程之洛曰巳未春岳州克復逆黨宵遁其時民間婦女流離奔竄將弁武卒無不擄掠屢奉

督臺憲檄清還難民婦女而行營匿而不發以致夫妻母子近之不得相望而泣者多矣　邑侯程公或以理折之或以婉諭之務調攝以離虎口得以

重圖者歷歷在册復爲究其原籍居址度其程途遠近每名捐給盤費三兩俾還故土生全甚多亦有離鄉甚遠道路梗塞家口甚衆不能即行者問其素業生計給與本錢做居城內令其貿易自給平定之後仍給盤費批照遣之還里亦有遠來冐稱親識指稱其家緣陷情由甚至請彼處批文覽驗希圖妄領者細問本婦事既不符人復不識必待彼之親人來識認者即令鄉保安揷居處飲食存恤探其家得實始令領取感泣而去嗚呼此莫

非
國家戸口之流離者　公體恤生全如此宜附戸口之下以志明德之遠焉

一田賦

田賦論

曾三壽曰計田以輸賦量入以爲出自古皆然一代之典必有制作成書載在册府明初曰會計録萬曆間更爲賦役全書
國朝爲經費録刊定通賦無敢欺飾者也然監邑澤

國非若山田土田千百年無更張者近江則有崩岸近堤則有擺廢有撓廢堤決則有衝廢有沙壓桑田滄海倏忽變換故有田則烏有賦則實征者民不聊生職此之由留心民瘼者時取下邑之情形而上之覈則議增縮則議損勿憚勞勿狃安勿畏大吏之議民生庶其有賴矣

田正統捌年叁千玖百伍拾肆頃貳拾捌畝壹分玖釐　成化捌年視正統增壹拾肆頃肆拾壹畝壹分　正德柒年視成化增叁拾貳頃柒拾柒畝叁

分　嘉靖元年同　隆慶肆年增肆拾伍頃貳拾捌畝貳分　萬曆貳年肆千肆拾貳頃柒拾肆畝貳分九釐　萬曆玖年玖千捌百伍拾貳頃柒拾畝肆分舊志

崇禎五年田地塘柒千柒百貳拾壹頃玖拾壹畝玖分捌釐伍毫貳絲柒忽因惠藩抽去民田壹千玖百肆拾壹頃柒拾伍畝貳分故只此數

大清順治捌年田地塘如萬曆玖年之數因惠田復歸圖內故有此數

康熙元年至貳拾壹年田地塘共玖千捌百陸拾
肆頃陸拾柒畝玖分
原額秋糧貳萬叄百柒拾柒石肆斗陸升玖合陸勺
夏稅貳絲壹拾伍觔壹拾貳兩貳錢壹分陸釐陸
絲陸忽秋糧內派
額征銀壹萬伍百叄拾伍兩陸錢玖分壹釐肆絲
捌忽陸塵柒纖壹渺內有免秋糧陸百玖拾伍石貳斗玖升共優免銀叄百肆
兩叄分零奉文克餉
原額貳麥折實貳千伍百玖拾伍石柒斗玖升玖合

壹勺叄抄玖撮叄圭玖粒玖粟
額征銀貳千零捌拾肆兩叄錢伍分伍釐柒毫叄
絲伍忽
監額秋糧貳萬叄百柒拾柒石有奇夏麥貳千伍
百玖拾伍石有奇明末兵燹之變萬畝荆棘故順
治貳叄年止熟糧玖千玖百餘石熟麥肆百壹拾
石至肆伍年　部差　仰大人在漢陽府吊取各
府屬州縣經承清審糧賦前邑令董　解有經承
姜國偉不分畸變妄以明季全熟額征詳報以致

貳萬叁百柒拾柒石有零之正賦包賠於玖千玖百餘石之中此通邑所謂糧荒而賦未荒苦累殊甚厥後順治柒捌玖年拾貳年拾捌年康熙伍玖年邑候藺　何　韓　署事李　後任索　遞年漸墾現熟秋糧壹萬捌千貳百壹拾捌石貳斗肆升陸合肆勺肆抄熟麥壹千玖百肆拾伍石肆升叁合壹勺貳抄然非清丈田畝皆民間報陳炤畝攤派尚剩荒糧貳千餘石荒麥陸百伍拾餘石遞年包納

原額征人丁陸千玖百貳丁順治初年適流離之後逃故肆百陸丁實存陸千肆百玖拾陸丁逃丁征銀全書未除順治拾捌年康熙元貳年西山運米蒙前總督部院張　題為楚民之元氣盡喪等事案內於康熙肆年起豁除人丁陸百柒拾伍丁今嚴經所造故丁是也現在人丁伍千捌百貳拾壹丁內有免丁肆百伍拾柒丁陸斗捌升奉文征解充餉銀拾捌兩壹錢貳分壹毫又每丁派銀壹錢叁分零征銀陸拾叁兩玖錢玖分捌釐零無免丁伍千叁

百陸拾叁丁叁斗貳升額征銀貳千貳百伍拾貳
兩伍錢零康熙拾年編審新增丁貳百壹拾玖丁
增銀捌拾壹兩伍錢捌分伍釐零康熙貳拾壹年
編審新增丁貳百貳拾陸丁現在詳請補足清初
逃丁數目以免增銀候　批定例

玖釐餉銀自明萬曆肆拾陸柒捌叁年每畝加派餉
銀玖釐共額征餉銀玖千柒百壹拾叁兩陸錢玖
分貳釐貳毫柒絲肆忽

丁糧外派

湖州雜課額征銀貳百柒拾壹两貳錢肆分伍釐
玖毫貳絲陸忽貳微伍塵捌渺遇閏加銀玖两貳
錢柒分柒釐柒毫叁絲陸微伍塵伍纖伍渺
班匠額征銀壹拾貳两遇閏加銀陸錢
新征麂皮京扛銀貳錢柒分
更名額徵銀捌千柒百陸拾陸两柒錢捌分叁釐陸
毫玖絲
始自明萬曆末年派楚租壹拾伍两澥租叁千捌
百陸拾陸两叁錢伍分叁釐陸毫玖絲至天啓柒

年惠藩封荆奏討膳田惟監邑無寸土贖田遂於
秋糧內加派科租銀肆千捌百捌拾伍兩肆錢叄
分後王令勒取實田遂割縣北之土充王庄將本
田之糧加在南土每畝加惠糧貳合迨
國朝定鼎王庄已廢仍將加糧還北土租銀南北通派
及順治肆年奉
旨蠲除啓禎加派王租惟有實田者照舊無如監邑當
順治貳年兵火之後册籍散失知縣董攄新役册
書晏國偉朦混開造於通縣田地塘坵千捌百陸

拾肆頃外重開惠租若干兩田地若干頃報
部遂奉文不除順治捌年知縣藺公詳請監察御
史聶公會題未允又經知縣何公韓公詳請　兩
院具題俱未蒙俞允康熙貳拾年正月　王師到
荆所屬州縣俱炤銀根起派軍供知縣程公深察
更名無田之苦時支放軍需在府又值夫役繁興
備悉具詳
撫憲王　藩憲徐荷蒙鑒出眞誠如詳批允當時運
夫遂減叁千餘兩之供由是重慶運夫亦減數千

两之供後此軍需自是免派矣恩德所被垂裕無
窮合邑永爲焚頂至於懇照順治肆年奉
旨蠲除啓禎加派則此實張本之一助也
兑運本色漕糧正米貳千柒百玖拾捌石柒斗陸升
玖合陸勺肆抄叁撮每正米壹石加耗肆斗該米壹千壹百
壹拾玖石伍斗柒合捌勺伍抄柒撮貳圭另正米壹石里納驢脚米貳升舡脚米柒升共該米貳百伍拾壹石捌斗捌升
玖合貳勺陸抄柒撮捌圭柒粒以上正耗共米肆
千壹百柒拾石零壹斗陸升陸合柒勺陸抄捌撮

江南倉本色南糧正米叁千壹百壹拾叁石叁斗肆升叁合捌勺每正米壹石加耗米貳斗伍升該米柒百柒拾捌石叁斗叁升伍合玖勺伍抄另正米壹石里納船驢脚米壹斗伍升共米肆百陸拾柒石零壹合伍勺柒抄奉文每石以折銀壹兩上正耗共肆千叁百伍拾捌石陸斗捌升壹合叁勺貳抄

所有泒征起撥支存各款細目俱於全書備載

淤生糧自順治柒年起至拾貳年止縣北賀魁柳閅筭自報淤生秋麥共貳百玖拾柒石捌斗統入熟

糧數內完賦將通縣包荒糧數減則征收康熙柒

年里民周良用等控告奉 前撫院林 布政司

劉 批詳有案 又康熙拾陸年知縣李 奉文

爲籌餉期於有濟等事親臨縣北細查令民自報

梅李侯聶青泛湖鉄老蘇官龍潭朱梅壹蒂子垸

額外報出淤田壹百壹頃壹拾伍畝陸分叁釐科

淤秋糧柒拾捌石柒斗肆升壹合玖勺貳抄柒撮

伍圭淤麥米肆拾石玖斗柒合捌勺陸抄巳經炤

科起派刻入由單

崩沙糧康熙拾捌年里民劉正在等爲救寃救離等事赴　前任巡撫張　又士民趙學湯等爲稅出無田等事赴　綏遠將軍蔡　又里民吴忠楷等爲民命已溺等事赴　前任府正胥　合行到縣本縣程藻牒移儒學教諭徐子有 訓導劉韋孫 帶同公正清丈挽挖沙壓至界驗實崩江坵塅册結過縣實共廢秋麥糧壹百貳拾壹石捌斗玖升陸合拾玖年申詳貳拾年除免壹切軍需堤土貳拾壹年冬查將昔荒内糧麥酌墾抵補其廢秋麥入於昔荒内仍

符原荒額數

蘆課錢糧自康熙元年欽差工部會同湖廣學道清丈各屬壹帯淤生蘆州因於沿江洲地提丈頃畝泒蘆課銀貳百肆拾捌兩玖錢玖分零又於康熙拾玖年爲國賦有自然之利等事案內奉文清丈淤生蘆洲草塲於水滲泥溝不堪載課地內墾出洲地陸拾壹頃柒拾壹畝貳分伍釐肆毫肆絲炤例墜課銀貳拾陸兩貳錢貳分叁釐柒毫伍絲叁忽貳微

一切雜稅因革不時故不例載

程藻辨曰自井田廢爲阡陌則有一定之賦而無一定之土矣其弊天下受之而各有異吾監利更有異者如彌灾害然而不知其從何出也今日之病一在南崩北淤之時作盈縮之無可詰也一在加征惠租之未除苦樂之莫可告也雖軫恤之恩時頒而窮黎之德未遍惟正之供孰得而奸之夫征之役孰得而避之平愚意當如良醫之妨銷爍而養元氣則有隔二隔三之治故功在此而效在

彼然而先後固未可弗審也爲今日計當以厚民生爲急毋峻削則其資生也易毋煩擾則其舉措也寬於是策其力以修堤偏累可預防也矢吾公以清丈重賦可漸平也同體可以得義氣之助呼籲自能動仁者之憐未有天不可回土不奠安者也此固急公之本也若賦役寧有畢乎哉

監利縣志卷之五

邑令古歙程　藻輯定

邑人　程之洛　曾三壽　纂修

新安盧　絳　古亭劉韋孫　較訂

風土志

緬維古道不琢不彫耕鑿間閒歌詠陶陶敦篤訓行弓旌之招樹德務滋懷新艮苗亦有孔邇克被

清謡眷言樂土永念譽髦　程藻識

程之洛曰讀唐風而知其勤儉讀曹風而知其困憊土俗所在治忽形焉國奢示儉國儉示禮所以云救也吾監則壤之土僅及下下一瀕於水高阜且同淵藪以故家鮮蓋藏人少蓄積幸

上恩德屢頒撫恤時勤乃得歲時伏臘嬉遊於光天化日之下奢不僭儉不野返本復始禮意猶存則仁風之淪洽者深也無吳越紛華之習亦鮮燕趙忼慨之氣殆庶幾近於鄒魯者乎

曾三壽曰奢儉者民生貧富之源也賈生曰十人耕之不能以食一人欲天下無饑不可得也十人績之不能以衣一人欲天下無寒不可得也吾邑風俗素稱樸雅矣冠婚喪祭動有軌儀罔他郡邑所不及者然而示儉示禮猶須開道之有方不可不講也向時之人衣無紈綺食無燔炙民間逸樂富厚百金千金率以爲常近世年穀不登供億無度困憊甚矣而末俗浮靡競尚侈麗富者開先貧者效尤凡人之情見美則悅賢者不免有心斯世

著挽其流止其頽家凛竒袤之訓斯
國綿有道之長風教其攸賴哉

禮俗

冠禮　久不行童未舞勺郎加之帽古冠禮多不講
也

婚禮　富者娶六禮備貧則出贅皆視門戶不論財

喪禮　報訃延賓弔名曰開堂楚信風水稱家有無不拘時地遠近

祭禮　祠以春秋墓以清明大喜慶則皆舉士大夫
多行家禮不作佛事庶民作佛事者有之

程之洛目俗不嬉遊勤耕桑務紡織其讀者雖家無斗筲絃歌不輟明萬曆前淳淳閼閼步艘不出閭井兵燹後四民失業始習謀生駕一葉舟負三尺筇走山川如騖爲朝夕計亦藉以供荒歲之喻納雖極貧婦不涉男不役其大概云

聲音　不能僻與官話同微濁而少淸有音無字者止数言則土語也學士家能別之四境隣江石者類江石隣巴華臨者類巴華臨隣潛沔景者類潛沔景一邑之中亦有異焉

歲時

立春　遠近皆趨城市競觀土牛以牛首紅白等色占水旱等災以勾芒鞋占寒煖晴雨嚼春餅生菜親朋會飲謂之春臺席

元日　男婦夙興各盛服祀神少者先拜尊長鄉里親故交拜慶新五六日乃止庭前爆竹服桃湯帖畫雞懸葦索

人日　以七種菜爲羹剪綵爲人或鏤金薄帖屏風亦帶之頭鬢

上元　剪紙爲燈飾以五彩城市人家皆搭棚横跨街上羅列星布士女嬉遊達曙或粘詩藏謎以示博物通徹又作麪窩如鷄子大者十二以象十二月每一窩標記用甑蒸之如炊飯然視水淺深有無以稽某月水旱多驗

十六夜　婦女相率宵行以消疾厄謂之走百病

十八日　燒燈造紙舡賫紙馬送至江滸以禳災開館教子

社日　賽會燕飲

晦日　爲酺聚飲食每月皆弦望晦朔以正月初年
重以爲節

三月三日　爲流觴曲水飲

清明　折柳插門祭掃塋墓

端午　採艾是日採雜藥掘百草競渡以五綵縷繫
臂辟兵及鬼蓄蘭爲湯沐

伏日　進湯餅辟惡

七夕　婦人結綵縷穿七孔針陳瓜果於庭中以乞
巧

中元　悉營盤供諸寺紮金幡花歌鼓果食送之經云有七葉功德

中秋　坊間設酒果爲賞月之會以月之明晴卜湖魚有無及來歲元宵之晴晦

重陽　士大夫登高嘯詠鄉落間蒸餅釃酒聚衆賽會稽野鄉宴

冬至　作赤荳粥以禳厲鬼

小除日十二月廿四日　掃屋塵換爐灰具酒果送竈神朝帝

除夕　掃戶庭祀神祇換桃符繪爵壘寫春帖各致

酒爲尊長壽謂之合家懽相聚酣飲謂之守歲

物産

曾三壽曰舊稱楚俗飯稻羹魚監邑其一也人無奇巧之技物無難得之貨布帛菽粟日用飲食而已非有魯縞齊紈晋騵代馬遷其地斯貴者然而天施地生方土物宜民生所需弗可畧也自昔周官爾雅埤雅風土記諸書昆蟲草木靡不察其性情辨其生耗凡以裁成輔相無遺鉅細一邑雖小莫不當修祈報而謹開節必如是乎觀之

穀之類

秔有數種早禾清明種立秋收遲者穀雨後種七月八月收晚者夏至種九月收　秫有數種早遲晚與秔同　麥有大麥小麥郎來牟冬種夏收　菽早者六七月收遲者十月收

粟有早有遲遲者伏內種霜後收　蕎七月種霜降收　脂麻一名胡麻子可食亦取油　棉花有白有紫爲布　豇豆同熟者連蔓收有取子留蔓者謂摘角豆

豌豆大小二種同麥再收　麻苧麻唐麻線麻

蔬之類

芥劉佃田芥似松而有毛其子如粟又曰芥辛菜也　莧赤莧莧莧陸易傳青泥殺蟹見莧復生

蛾眉豆　壺蘆埤雅曰壺性浮可以佩之涉水古今注壺瓠之無柄者　王

瓜爾雅曰鉤藈姑　韭許慎說文曰一種而久者故謂之韭　葱爾雅曰青謂之葱爾雅曰韭屬　大蒜張騫使西域得之一名葫　蒜小蒜也爾雅曰蒚　芹爾雅曰芹一名楚葵一名水英　西瓜宋濂曰瓜產西域　甜瓜一名果瓜　瓝瓜郎菜瓜　冬瓜本草冬瓜性急能走肉凡有疾者不可食　南瓜　番瓜　絲瓜　胡荽博物志張騫使大宛得之鄴中記石勒改爲香荽即蒝荽

筒蒿　菠菜　苦蕒菜　藠本出廬山　萊菔爾雅葖蘆萉釋曰紫花松也上古謂蘆萉中古萊菔今蘿蔔　茄子隋煬帝改茄爲崑崙瓜王隱養生主論治瘡用乾茄一名草鱉甲　刀豆　油菜子可取油　山藥一名薯蕷

芋東方朔曰關中土宜芋顏師古曰芋葉似荷而長又名蹲鴟

果之類

梅爾雅似杏實酢　棗　李素問曰李東方之果其品處桃上果有六桃最下　桃性能辟惡故考工劍工桃氏　石榴博物志張騫使西域安石國得之　橙屬橘香芬芳襲人　橘江南爲橘北爲枳小爲橘大爲柚　柑屬橘　柿　菱許慎曰芡雞頭也　藕爾雅曰其本蔤其根藕藕偶生善耕泥　葧薺一名鳧茈

葡萄名蘡薁者爲野葡萄

花卉類

桂有丹黃白三種　四季桂每月有花秋冬更茂　牡丹　海棠　蓮藕苗　芙蓉　芍藥　山梔　玉簪　雞冠　菊品類

百餘　薔薇　葵左傳仲尼曰鮑莊子之知不如葵葵猶能衛其足　荼蘼

棠棣　水仙　萱　木香　芭蕉　月月紅　石榴　薰艾　木槿一名舜華一名王蒸　蘭　蘆　菖蒲

鹿葱郎萱草一名宜男　玉蘭　紫荆　鳳仙　山冊

玫瑰　剪碎

竹木類

鳳尾竹　斑竹　苦竹　貴竹　文竹　水竹　叢竹　冬青　楊有黄白青赤四種邑止有青楊赤楊黄楊陸佃云青楊葉長白楊葉圓赤楊霜後葉赤理亦赤黄楊歲長一寸閏月退一寸　柳　桑　柘　槐

元命苞曰樹槐聽訟註槐歸也　棘　楝爾雅翼木高丈餘葉密如槐而尖三四月開花

紅紫色子可浣衣　椿　椰非檳榔之椰邑不產椰　崇陽　烏桕

子可取油　柿取油者非果也　棠梨其棠郎今棠梨　皂莢　桐四種

一白桐葉三岐開花不結子琴瑟材一荏桐子可作油一梧桐其子可一岡桐體重不可作琴瑟今

邑惟梧桐　麻　栢　楮爾雅云葉有辨曰楮無曰構皮可為紙陸云荆揚謂之穀

椒　棕　楠　楸冬桃

草類

水蒲　茭　蘋有三種大者葉圓寬寸許可食中者荇菜小者浮萍　蘆葦之未秀

者　白茅　芒　瓠　蓼　莎　薇　稗　蘩白蒿

也　蒿其種類極多　荻　莠即狗尾草　蓬飛蓬

藥餌類

益母草郭璞曰今荒蔚也爾雅曰蓷　香附莎子　白芷　辛夷

蓖麻　半夏　瓜蔞　牽牛　白扁豆　馬鞭草

枸杞　芣苢車前爾雅曰馬舄　菖蒲　蘘荷　紫蘇

南星　天花粉　艾　豨薟　蒼耳　木賊　夏枯草　忍冬花　鷰麥　罌粟　荊芥　蒔蘿

蒲公草　紅花　甘菊花　旱蓮草

禽類

雞春秋題辭云積陽火德之精故陽出鳴元中記云桃都山有大樹曰桃都枝相去三千里上有天雞日照樹天雞鳴衆雞隨之 鴨爾雅鴨一名野鳧人家畜於野鳧同 伯勞爾雅鵙伯勞也廣雅一名傳勞又名伯趙 鸜鵒說文似鴨而有幘今八歌 雉史記呂后名雉改野雞 烏一名鴉烏之白脰者南人謂之鬼雀鳴則兆凶 鵲一名乾鵲陸賈新語云乾鵲噪行人至一名芻尼 鶯鄭黃鳥 燕爾雅元鳥也說文燕布翅岐尾作巢避戊巳日 慈烏 鳩爾雅鳴鳩布穀也 鴇似雁而無後趾 鴷爾雅鴷啄木也 雁 子規一名鴂 雀說文依人小鳥能鄭艾爭燕巢 脊鴒 鷗 鷺 鵪鶉 鵓鴿一名飛奴 鵝爾雅一名家雁江東謂鳴 鷥 鴛鴦 鸕鷀 鵜一名淘河 鸛好水將雨則鳴形似

鶴有烏白二種　鷂莊子鷂爲鸇鸇爲布穀久復爲鷂此物變也　鵓鴣　竹雞　畫眉　白鶴小水鳥非丹頂鶴也

獸類

麤楚詞同騖麤與蘇徂兮　驢一名衛子世本曰衛靈公好乘驢故名或曰晉衛玠好乘跛驢爲戲故云蹇衛　牛　羊　豕　犬　貓　麞　兎　獺

黃鼠　蝟　獾

蟲類

蠶有早蠶有原蠶　蜜蜂　蛇種內極多　蝙蝠　螻蟈志姑又螻蛄郎

土狗　蟾蜍　癩蝦蟆　䗪土鱉　蠅　蚝蝍　蜘蛛

蜻蜓　蚌　螺　蚓一名歌女　蛙　螢　蚊　虻

蝶　蛭　蟻　虱　螳螂　斑蝥　蜈蚣　蠲虫

黄蜂　螽　促織一名蛬　虩即蠅虎　蜥蜴爾雅蠑螈蜥蜴

蝘蜓守宫一物四名在壁曰守宫在草曰蜥蜴蜥蜴尾通於身有足守宫褐色有足尾　蜾蠃又名蠮螉

蟬　蝸牛一名蝓

魚類

黿　鼉　龜　鱉一名神守　鯉　魴即鯿　鱧一名文魚其首有星一名七星魚

鰍　鱣大魚似鱏口在頷下無鱗大者二三丈一名玉版又黄魚　鮪似鱣而小俗呼鱘魚

鱔　鰻即白鱔　銀魚　鰱　鯖　鮰

鯽一名鮒　鱒即赤眼　鯪鯉穿山甲　江豚一名鯆天欲風則見

鯢四足聲如兒啼　艸魚　魛飲而不食　鋸　鰕　鱤魚肉黃

鯮

服類

棉花布　蚕絲絹　繭

童太史有言曰湖多易淤土曠易墾食物旋給他方之民聚焉而江之右為甚強者侵產弱者就食故客常浮於主然客無定籍而湖田又不稅畝故有強壯盈室而不入版圖阡陌徧野而不出租糧

者民丁口單寡田地汙萊則至於鬻妻子死桎梏而不能免也今使客丁必登籍而服其常徭則口增而民徭之偏重可省也湖田必稅畝而修其常供則賦增而民租之積逋可殺也或謂民無兩籍地無兩賦不知既已樹桑梓闢畎畝矣尚可泥於鄉土同於湖澤乎況彼籍易竄此籍易匿湖租常少田租常多變徙死生規避重輕其弊豈一日之積哉讀是言也有是慨焉

舊志論曰宇內饒乏盈縮之數遞相受也邑介江

漢土分南北囊北初淤南稍腴歲輸每畸重南畤巳有客浮於主之論數十年來重以兵火南極榛曠北皆沃壤客盡主之而舊額偏累南鄉同一邑之民苦樂懸殊誰從致辨幸我藺候悉心釐正清編里甲升斗銖黍昭垂星炳又革除一切厄滯垷侵弊端民免怒呼之苦安享田里之樂矣夫民貧生於不農不農則不地著歎黃鳥悲樗菑徙日多逋日積病豈獨民哉致謂用貧求富農不如工工不如商大非篤論要以行政本之制產興教基之

足民勸分省穡餐以和平三代安富庶幾躬親見之

程藻辨曰古人有云道德一而風俗同則風俗之必本於道德者謂其漸之深摩之熟其所以興仁興讓之機賢士大夫操之有力有司能言之亦能行之未必能世其守也余受監幾五載與邑服處甚悉耕讀爲士民之本事俗尚之大概具見矣若程曾二公之言亦有性以習移時爲勢遷則遺而去之之慨將奈何夫君子教人惟其所易從貞於

常者而無憂其渝於變以其往而善後也故道德者賢士大夫身體之足以矜式不能家諭而戶曉之然則有司能言之而能行之若何生民日夕居處鄉耆里老苟能取聖諭六言講求而董率之薦紳諸公讚嘆而褒美之彼固不知道德爲何物未有不以良善爲樂從者此余所刊鐸書布之里閭不過言孝弟親愛謹行修身之事俾之耳聞口誦率爲心得如飲食知味少則必思夫人於造次顛沛時未有不思飲食者爲樂此而不疲也誠如此

豈别有一道德同風俗之術乎固郊有司之言之行其强教悦安亦即賢士大夫安土敦仁之心也若夫耆憿椎魯舞蹈嘯歌皆天眞之所勃發誰曰俗有美惡而必從違之是斤斤也哉

盩厔縣志卷之九

邑令古歙程　藻輯定

邑人　程之洛

曾三壽　纂修

新安盧　絳

古亭劉韋孫　較訂

人物志

千英萬傑，曰維其有。含卽山暉，出則劍吼。荀玉膽

畯，僊璣璇斗。古賦所稱，吞雲八九。系以論世，卓哉

尚友

程之洛曰金錫竹箭齒革羽毛楚之產也而不得爲產之良必有傑出之材以爲國華猶之玉韞而山輝珠藏而澤媚也吾監上應星文光承南斗全才備德歷代不乏其間若寓賢若高逸若孝行若博雅若耆義分例而攷又皆有爽奕如生者存見多則千百年止數人存見少則千百年亦既有此數人嚴而有別可以想當日紀乘之大概矣今大令君詳別義類於三十年中博採而旬又不甸

不誣庶幾三代之遺云爾若曰或失之畧或失之疎則余之疚也夫

經濟列傳

曾三壽曰玉沙之水舒揚而馳沛玉沙之土衍博而清麗地靈所鍾蔚爲人杰有中規中矩之材無磊砢多節之玭雖潛見升沉不必一致要以經綸康濟灼灼當世者爲民物所倚恃譬如瑶艸青精紫芝珠樹非不希世之珍而英英濟濟霖露寰區斯嶽瀆之臣功視公侯而崇封祀必以此也夫傳

經濟

伍參其先紹爲雍穆舜遷於椒丘以鎮江淮命曰椒侯至參仕楚爲大夫

伍舉一日湫舉參之子以直諫仕楚莊王王即位三年不聽國政沉湎於酒淫於聲色令國中敢諫者死舉入諫曰有一大鳥集楚之庭三年不蜚不鳴是何鳥也王曰三年不蜚蜚將衝天三年不鳴鳴則驚人舉曰不蜚不鳴將爲射者所圖絃矢卒發豈能衝天而驚人乎於是莊王遂罷淫樂乃聽政

任舉國人大悅卒霸諸侯初舉與聲子相善舉娶於王子牟之女生鳴牟得罪亡卒舉懼奔鄭聲子遇於郊班荆相與食聲子說楚子木言諸王益其爵封公五地使鳴逆之舉仕於楚靈王爲章華之臺與舉升焉曰臺美矣舉以美而忘政諷之靈王會諸侯舉曰昔啓有鈞臺之享齊桓有召陵之師君其何用王曰用桓公盟也王有驕色舉曰桀爲有仍之會有緡叛之紂爲驪山之會東國叛之幽王爲太室之盟戎翟叛之王其愼終

伍嗚舉之子仕楚襲先人封爵
伍奢嗚之子爲楚平王太子建太傅是時楚平王耄
荒聽費無忌之說蠱王納建婦讒逐建召奢奢曰
王柰何以讒賊小臣疎骨肉恩王怒囚奢王使使
謂奢能致二子則生不然則死奢曰臣有二子長
曰尚少曰員尚爲人慈溫仁信若聞臣召輙來員
爲人少好於文長習之武文治邦國武定天下執
綱守戾蒙垢受耻雖寃不爭能成大事此前知之
士安可致耳平王謂伍奢之譽二子即遣使者駕

驅馬、封函印綬、往許召子尚子胥。

伍尚、奢之長子、封棠爲大夫、當平王之召也、尚欲往、子胥曰、尚且無往、父當我活、楚畏我勇勢、不敢殺兄、若誤往、必死不脫、尚曰、父子之愛、恩從中出、徼倖相見、以自濟達、父召不往、恐不能不爲天下笑、終老地土、而亦何之、不能報讐、畢爲廢物、汝懷文武、勇於策謀、汝逝矣、我將歸死、吾知不逮、我能死、爾能報、聞免父之命、不可以莫之奔也、親戚爲戮、不可以莫之報也、爾其勉之、及就戮、尚慨然曰、爲

臣死忠爲子死孝死得所已吾何憾焉

伍員字子胥奢之次子王使其父奢召之員聞太子建亡走在宋往從之會宋有華氏之亂乃俱奔鄭鄭人殺建建有子名勝胥復與勝奔吳到昭關昭關欲執之胥遂與勝獨身步走幾不得脫至江有一漁父知伍胥之急乃歌而渡之胥既渡解劍與父曰此劍値百金父曰楚國之法得伍胥者賜粟五萬石爵執圭豈徒百金劍耶不受胥行未至吳而疾止中道乞食至吳吳公子光爲將胥乃因光

以求見吴王僚久之吴使公子光伐楚拔其鍾離
居巢胥説王曰楚可破也願復遣公子光光謂王
曰彼伍胥父兄爲戮於楚而勸王伐楚者欲以自
報其讐耳楚未可破也胥知光有内志未可説以
外事乃進專諸於光退而與勝耕於野五年而楚
平王卒秦女所生子軫立爲昭王吴王因楚喪使
二公子將兵襲楚楚發兵絶吴兵後吴兵不得歸
國内空光乃令專諸襲刺王僚而自立是爲吴王
闔廬闔廬既立得志乃召員爲行人與謀國事楚

又誅其大臣郤宛伯州犂伯州犂之孫伯嚭亡奔吳以為大夫魯定三年興孫師與胥嚭伐楚拔舒。欲因至郢將軍孫武曰民勞未可且待之楚囊瓦貪以一裘一馬羈唐蔡二君久以賄遣求救於吳魯定四年伐楚取六與潛楚昭王使公子囊瓦伐吳吳使員逆擊大破楚軍於豫章取居巢九年闔廬謂子胥孫武曰始子言郢未可入今果何如二子對曰楚將囊瓦貪而唐蔡皆怨之王必欲大伐之必先得唐蔡乃可闔廬聽之悉興師與唐蔡伐楚乘勝而前五戰遂入郢己卯昭王出奔庚辰吳王入郢胥求昭王不得乃掘平王墓出其尸鞭之三百申包胥以秦師至吳王乃歸而昭王復入郢後二歲闔廬使太子夫差將兵伐楚楚懼吳復大來乃去郢徙於鄀當是時吳以伍胥孫武之謀西破彊楚北威齊晉南服越人其後五年伐越越王勾踐迎擊敗吳於姑蘇傷闔廬指既死夫差立以伯嚭爲太宰後伐越敗越於夫椒勾踐以餘兵五千棲於會稽使太夫種厚幣遺嚭以請和求委國

爲臣妾吳王將許之子胥諫曰越人爲人能辛苦今王不滅後必悔之王不聽用嚭計與越平其後五年吳興師伐齊子胥諫曰勾踐食不重味弔死問疾且欲有所用也今吳之有越猶人之有腹心疾而王乃不先越而務齊不亦繆乎王不聽伐齊大敗齊師於艾陵遂滅鄒魯之君以歸益疏子胥之謀其後四年吳王將伐齊勾踐用子貢之謀率其衆率吳而重寶以獻遺嚭嚭既數受越賂其愛信越殊甚日夜爲言於吳王王信用其計子胥諫

吳攜子猶　衍

言夫越腹心之病也今信其浮辭詐僞而貪齊破
齊譬猶石田無所用之願王釋齊而先越不聽使
子胥於齊子胥臨行謂其子曰吾數諫王王不用
吾今見吳之亡矣汝與吳俱亡無益也乃屬其子
於齊鮑牧而還報吳太宰嚭因讒曰子胥爲人剛
暴少恩恐爲深禍前日王欲伐齊子胥以爲不可
王卒伐之而有大功子胥耻之而今王又復伐齊
子胥專愎强諫沮毀用事徒幸吳之敗以自勝其
計謀今王自行而子胥輟謝佯病不行王不可以

諺曰鑠金一至此哉

不備且其使於齊也乃屬其子於鮑氏夫爲人臣內不得意外倚諸侯自以爲先王之謀臣不見用常怏怏怨望願王早圖之王曰微子之言吾亦疑之乃使使賜子胥以屬鏤之劍曰子以此死子胥仰天歎曰讒臣爲亂矣王乃反聽讒臣言以殺長者乃告其舍人曰必樹吾墓上以梓令可以爲器而抉吾眼懸吳東門之上以觀越寇之入滅吳也乃自剄死王聞之大怒取子胥尸盛以鴟夷革浮之江中吳人憐之爲立祠於江上因命曰胥山吳

遂伐齊不勝去其後二年吳王召魯衛之君會之橐皋其明年北大會諸侯於黃池以令周室越王勾踐因襲殺吳太子破吳兵吳王聞之乃歸使使厚幣與越平後九年勾踐遂滅吳殺夫差而誅嚭以不忠於其君而外受重賂與己比周也太史公曰怨毒之於人甚矣哉王者尚不能行之於臣下況同列乎向令伍子胥從奢俱死何異螻蟻棄小義雪大耻名垂於後世悲夫方子胥窘於江上道乞食志豈嘗須臾忘郢耶故隱忍就功名非烈丈

夫孰能致此哉

伍慶員之子子胥東亡與太子建之子勝在吳至夫差時楚惠王召勝號曰白公胥既死慶自鮑氏歸勝待慶以兄禮封鮑侯慶懼禍及去之武陵武陵郎今之邵州也子孫因家焉自棠君就執爲楚赤族伍氏幾無遺類今之伍氏皆胥之苗裔慶之所出也

伍被漢人其先子胥之後也初爲淮南中郎淮南王安好學術招致英雋以百數被爲冠首久之淮南

陰有邪謀被數微諫曰昔子胥諫吳王不用乃曰臣見麋鹿游於姑蘇臺也今臣亦將見宮中生荆棘露沾衣也王怒繫被父母召被曰將軍許寡人乎被曰臣聞聰者聽於無聲明者見於無形故萬舉而萬全古之三王皆因天心而動作者也王曰今漢廷治乎亂乎被曰竊觀朝廷君臣父子夫婦長幼皆得其理風俗紀綱未有所缺雖朔方間有折傷未及古太平時然猶爲治王曰漢大將軍何如人也被曰號令明當敵勇常爲士卒先休乃舍

穿井得水乃飲士卒已踰河乃渡雖古名將不過
也王復問吳舉兵非耶被曰非也吳王受几杖而
不朝王四郡之地采銅爲錢煑海爲鹽伐木爲船
國富民衆與七國合從不能成功者誠逆天遺衆
不見時也王曰人言絕成臯之道天下不通據三
州之險招天下之兵何如被曰屈彊江漢間可以
延歲月耳未見其福也王曰陳勝吳廣無立錐地
奮臂大呼天下響應被曰往者秦無道衆叛而起
今陛下臨制天下一齊海內汎愛衆庶布德施惠

下之應上猶影響也王以陳勝吳廣論之彼以爲過矣臣聞箕子過故國而悲作麥秀之歌痛紂不用比干之言也因流涕而起後安敗自請獄

按伍勛備考云歷唐晉宋明或籍武陵或籍豫章或籍南閩相繼以春秋一經傳至於今成進士者二十有三登賢書者三十有七詳伍氏家譜今捕棲故里之北子姓蕃衍耕讀世業列庠序者十餘人康熙辛酉奉

國朝新例　督學道蔣批准奉祀生祀伍員公於鄉

賢祠

申無宇楚芋尹初靈王爲令尹爲王旌以田無宇斷之曰一國兩君其誰堪之及即位爲章華之宫納亡人以實之無宇之閽入焉無宇執之有司弗與曰執人於王宫其罪大矣執而詰諸王無宇辭曰若從有司是無所執逃臣也逃而舍之是無陪臺也王事毋乃闕乎王遂舍之楚子滅蔡使子棄疾爲蔡公王問於無宇對曰擇子莫若父今棄疾在外鄭丹在内君其少戒王曰國有大城何如對曰

尾大不掉君所知也邊境者國之尾也不然是三城也豈不使諸侯之心惕惕焉僕夫子晳以無宇之言告於王曰是知天也安知民則是誕也右尹子革曰民天生也知天必知民矣是其言可以懼哉無宇可謂爥於事幾達於國體矣

申亥無宇子嗣爲芋尹靈王乾谿之難沿夏將入郢亥曰吾父奸王命王弗誅惠孰大焉君不可忍惠不可棄吾其從王乃求王遇諸棘圍以歸王縊於亥室亥以二女殉葬之

申包胥員之友也爲楚大夫初員奔吳辭包胥包胥曰嗟乎吾欲教子報楚則不忠不報則不孝員曰我必覆楚包胥曰我必復楚及員兵入郢包胥亡於山中使人謂子胥曰子之報讐不已甚乎吾聞之人衆者勝天天定亦能勝人子故平王之臣親北面事之今至於僇死人此豈其無天道之極乎子胥曰爲我謝申包胥曰日暮途遠吾故倒行而逆施之於是包胥如秦乞師不許包胥立於庭墻晝夜哭七日七夜不絶聲勺飲不入口秦哀公憐

之曰楚雖無道有臣若是可以存矣爲之賦無衣九頓首而坐秦師乃出子蒲子虎帥車五百乘與楚師會於稷六月大敗吳師

舊志曰伍胥之必能覆楚父兄知之其友知之無極囊瓦讒賊貪惏以事君株鼈無辜棄謀臣策士而外樹敵也於誰責而可鄉賢楚愚夏公之論曰人之大倫莫重於君親今子胥也吳人祠之以顯其功示後世之爲人子楚人祠之以彰其孝示後世之爲人君舊題曰吳行人仕於他邦俎豆故里

宜也後以意黜復見靈爽特設專祠孝廉李明叔
聯曰一生辛苦君臣地千載神游父母邦如將式
憑焉鄉賢改題楚孝子猶義起云爾申胥硜硜然
必信必果久要不忘者倉卒片語赴蹈爲期其與
伍員友冝哉伍也志意高遠如夷門蹈海義槩激
烈用吳報楚用屬鏤報吳而申以靜理介守持之
天人貞勝志鈞氣應爲人臣之義固以包胥爲正
乃員洵列丈夫也哉
劉懋爕曰平王不德戕子戮諫人道滅矣員傷太

子無辜父兄駢戮之來之鄭不得已而走吳非吳國莫能苦楚也志急復讐雖刺王僚不恤矣夫差志殺爾父而子胥屢諫見疎其託子鮑氏已審知已之必死與吳之必亡豈不能去哉旣藉吳以破楚先王之於我何如爲吳謀者且四十年一旦委焉去之天下其謂與我夫自古忠臣謀士敵國所忌必百計去之者何限伯嚭之讒也或亦平王王僚所假手耶不然員與嚭同讐入郢之役伯州犂之孫亦快矣而嚭獨甘心於子胥何也子胥於吳

爲忠臣於楚爲孝子復何憾於一死哉包胥曰我必復楚而必待入郢始走秦者豈料昭王之不能支吳故不與謀耶抑使員志得伸而後圖復耶要其乞秦師惟一誠以動之其辭荆五千戶之封也爲丘墓之寄於荆也忠孝與友道可云竝至矣

程藻辨曰舊志人物首伍員員之先曰椒舉父奢兄尚其後裔皆於員之傳中及之郎申包胥亦於員之友及之包胥之先無字父子又因論包胥之餘以及之是以一員而括二氏之全也殆劉稱恭

之論曰邑有伍申猶齊仲鄭僑衛魚吳札輩國之望也乃舉與奢之忠尚之孝而附傳於員無宇之智亥之義而附傳於包胥人雖賢不先於父祖論人必原其世德宜本府志而臚序之、復得伍生勛、家乘稿、始悉、舉之父有參、舉之子有鳴、奢固鳴之子、奢之子曰尚、曰員、員之子曰度、若被則伍之後於其漢者也、故因伍生之稿而次第之於漢紀中搜被之行實而不沒其賢蓋伍之世惟伍得而詳之非有異於舊志也亦以慊余之志而善劉叔之論而已若申之先無字與亥傑然其後者則包胥矣他未之聞也嗚呼、伍祠至今不替、時經修舉、即今其裔、若勛若山皆屬文以紀靈異、邑乘纍纍不能徧載、伍氏家乘中未始不可傳而識也、乃申緒寥寥、臺榭既凋、祠址湮沒、登論世者能知其後論人者不知其後也耶、莫爲之後、古今同慨、此伍與申之異也夫、

胡剛東漢人太傅廣之六世祖也清高有志節平帝時大司農馬宮辟之值王莽居攝剛解其衣冠懸

府門而去遂亡命交阯隱於屠肆之間後莽敗乃歸鄉里

舊志曰今崇祀剛鄉賢曰義士不爲太傅也以太傅之中庸視之介如義士豈非白玉不可爲乎卒所以傳者在此

胡廣字伯始華容人父寵交阯都尉廣少孤貧親執勤苦長大隨輩入郡爲散吏太守法雄之子眞從家來省其父會歲終應選舉雄勑眞助求其材雄因會諸吏眞自於牖間密占察之乃指廣以白雄

到京師試遂舉孝廉試以章奏安帝以廣爲天下第一旬月拜尚書郎五遷尚書僕射順帝欲立皇后而貴人有寵者四人莫知所建議欲探籌以神定選廣等諫曰恃神任筮不必當賢就値其人猶非德選宜參良家簡求有德乃立梁貴人爲后時尚書令左雄議改察舉之制限年四十以上學者試經學文吏試章奏廣等復上書駮之曰竊惟選舉因才無拘定制六奇之策不出經學鄭阿之政非必章奏甘奇顯用年乖彊仕終賈揚聲亦在弱

冠不從漢安元年遷司徒質帝崩議立嗣廣與李固趙戒先與梁冀書曰先世廢立未嘗不詢訪公卿廣求群議令上應天心下合衆望國之興衰在此一舉冀乃召百官入議尋代固爲太尉錄尚書事以定策立桓帝封育陽安樂鄉侯以病遜位又拜司空告老致仕尋以特進徵拜太常遷太尉九年復拜司徒靈帝立與竇武陳蕃參錄尚書事會蕃被害代爲太傅總錄如故時年已八十而心力克壯繼母在堂朝夕瞻省傍無几杖言不稱老性

温柔常遜言恭色以避權害達練事體明解朝章雖無蹇直之風屢有補闕之益故京師諺曰萬事不理問伯始天下中庸有胡公自在公台三十餘年歷事六帝禮任極優其所辟命皆天下名士與故吏陳蕃李咸並爲三司每朝會輒稱疾避廣時人榮之年八十二熹平元年薨使謁者護塋賜冢塋於原陵謚文恭侯拜家一人爲郎故吏自公卿大夫博士議郎以下數百人皆縗絰殯位自終及塟漢興以來人臣之盛未嘗有也六年帝思感舊

德乃圖畫廣及太尉黃瓊於省內詔議郎蔡邕爲
之頌有曰惟道之淵惟德之藪又曰功加八荒羣
生以遂云廣弟康爲卷令廣子碩爲陳留太守
劉懋燮曰游九言云廣取容於權臣宦豎之間無
所正救李京云又且結黨錮之獄夫李杜陳竇忠
而無才黨錮諸賢激而流禍死亦奚益而責太傅
以淪胥哉李贄謂雖不能如李杜之極諫力爭然
李杜既死復有李杜者相繼而起羅列於朝誰之
力歟其與自殺而遂已者厥功倍矣知言哉嗟嗟

無諸賢則綱常不立無賡韋則朝廷幾空論人者胡可不論其世也

程藻辨曰讀伯始侍中箴而知游李之論過刻也桓靈之世漢祚式微伯始周旋進退不激不隨爾非濟國之道若禿翁之論功與稈恭之論世皆足以知伯始矣獨是監志稱伍申者嘖嘖而胡剛僅以義士祀鄉賢登剛與湫舉無宇顯晦不同處心則一伯始與子胥包胥遂有可傳不可傳之異乎夫倒行逆施秦庭痛哭皆見聞之所其及伯始歷

事六帝三登樞要遜言恭色以避權害練達事體朝常屢有補闕之益乃以史稱取容悦成黨獄遂置不錄千載而下誅心不得救正不能嗚呼所謂萬事問伯始中庸有胡公者何居子曰中庸不可能也似矣若伍申將何所舉侶耶且蓋棺論定嘉平賜冢塋謚文恭伯喈碑頌惟道之淵惟德之藪不可信耶即伯始侍中一箴傳於漢乃忽於今毋惑乎其不見知於後世若吾監稱伍申則未可獨遺伯始矣余乃捜伯始侍中箴而表著於藝文之

中俾讀其文可知其人殆不敢不爲吾監求多於此一人也志之以俟論定

裴璉字汝器弱冠有材識補郡庠弟子員湘獻王辟署巴東學靖江王入賀過而奇之召與同舟濟江賦詩留別薦入太學洪武間授劍州知州賜襲衣寶鈔諭遣之任擢浙江按察僉事永樂間調江西鋤彊暴伸寃滯憲體截然坐事免官尋起爲御史善論事不避權勢文廟歎曰裴璉眞御史也平阜軍山賊陞河南按察副使後坐事免官再起爲御

史騎階州賊方熾遣公按治公擒斬首惡餘黨數千人在文州黑山者皆不殺懽聲動山谷西土以寧後改春坊中允又改刑部主事忤當事者意出知易州仁廟初召爲工部侍郎以行在事急改北京刑部侍郎言事忤旨出知涪州以子綸貴封翰林院編修乃休老於家長於詩著有野舟集公與少保楊公溥尚書劉公儁知州何公忠司馬張君純爲荊南五君子專祠府學旁楊文定公謂公以豪傑之資敏達之才剔歷中外四十餘年得失不

介於心彝險不易其節楊文敏公以謂廉介不阿
歷官中外行益堅名益著恬守晚節足爲世勸云
前志論之曰野舟公在洪武永樂宣德間直氣壯
節愈詘愈厲功名愈顯人皆謂公盛時遇明主是
固然矣然公之剛直端亮其才德卓然超出人群
者固不偶然也尚論鄉之前哲獨裴公久伴同志者
致景行之思云
劉翼字子羽爲安慶府訓導擢御史巡山海諸關巡
河南皆以嚴毅稱時大旱河南人相食翼上疏言

懷慶諸府民死徙十六七宜大肆蠲卹因親王未出封有請許借法駕出城翼諫曰陛下所言者骨肉之私情臣所言者君臣之公義忤旨繫獄十餘年獲宥復官尋卒

趙緯字大經爲人明敏嘗爲大興縣教諭明成祖靖難留守北平及卽位念城守功擢緯以憂制歸遣使賫幣從勞於家服闋陞禮科給事尋陞四川按察司副使以言事謫浙江先仁宗在東宮時奏對嘗忤旨及卽位綿入覲謫嘉興典史殁後仁宗憐

其忠勅賜塋祭

鄧之和字以行性沉厚姿儀瓌大補國子生高皇見而奇之授福建右布政使賜以襲衣重衾寶鈔士類榮焉公益感奮典藩政弘達經要君子以爲知體坐奏事受逮京師久之事白復官未及蒞任卒

艾良字楚善爲人沉靜寡言於物無忤時詔廷臣各舉所知裴公汝器爲御史獨薦艾遂拜監察御史擢僉事府丞尋轉大理寺左寺丞宣德中以詳慎見稱後以疾乞致仕杜門不出恬退自守年七十

一歲卒

裴綸字景宣野舟公之次子少舉湖廣鄉試第二時野舟公官京邸日夜望景宣來而景宣不往報書兒不喜少年登高第且學未成不敢出也永樂十八秊攜妻子往果舉進士廷對時讀卷官李慶見上冕琬珠動覩定爲一甲爲史官爲講官皆爲同輩所推正統戊辰與會試考事得其壻祝全祿書輒引燭焚之曰爲國求才敢私吾壻耶終養歸太守餽贐絹四十疋止受其一復入翰林則王振專

擅將也公與劉球素忤振振以他事中球罪而扼
公不得朝見英廟顧問曰自面裴生何在振始不
敢加害及振敗英廟北狩景泰初舊臣多外補乃
出爲山東布政使在山東勍鎮守太監覃廣罷之
有顧御史者酗酒使氣公稍諷之遂與交章論詰
直氣勁節有父風焉所著有泊庵詩文集若干卷
英宗復辟賜贈禮部尚書謚文僖
鄭重威字子修嘉靖丙戌進士授遂寧縣值歲大祲
盜起發粟賑貸就寺煑粥以食之全活幾千人又

嚴捕盜之禁獲慣賊任老虎誅之境內帖然設常平義倉貯粟若干建書院作養士類薦舉者六擢戶部主事歷員外郎中陞歸安知府郡多夷猓宣德間叛入交趾有司憚其險置不問癸卯吏部擇地方利弊因條陳五邦寧遠等州事宜行雲南省如其議恢復故土幾千里平阿迷州首賊阿老且蒙自守賊阿費憲副王鈍菴撰文以紀其功外艱歸起補韶州府有王僉憲者部下兵卒刼英德縣庫王庇覆之及逮捕者箠死平民百數寃聲載

道力爭不得上狀乞休侍御蕭公彥留之英德之民得免於死癸卯陞四川憲副乙卯轉雲南右叅政以年老致仕家居二十餘年高風峻節鄉里化之踰八望九日循循焉厲衛武之箴警可謂終身完德者已

徐棟復姓康字木仲爲諸生時邑有劇盜兵憲楊公進諸生議撫勦孰便前令李公曰禦已講撫而又有異議恐失信徐曰信以成義楊公曰徐生言是也是日擒賊數十人盜以平人得安堵可謂仁人之

言矣貢入南雍大司成試第一遂舉於南畿爲乾州守捕猾胥甚惡爲胥所誣居鄉常面道人過失爲里人所誣然性戇直好義親友有貧者輒出穀與之償否不問也

劉昇字成之治春秋經傳大旨及諸疑義識之於壁日夜處其中多獨得之趣令巫山故有茶稅不欲自染乃輸稅於夔府邑爲峽口要道民苦迎送間出金募人應之用是賓旅無滯而民力亦紓相率祠祀至今服教畏神矣

李夢祥字幼徵少孤安貧好學從內江趙學諭學易
舉進士爲温州司理持法有聲時宰張羅峰欲於
城中鑿河環其府第李公持不可張遂誣以他事
禍且不測上遣黃都御史往勘民遮道訴李公爲
民居無可徙忤張意願借李公復爲司理五年始
轉工部主事治水山東以疏河賑饑功加俸一級
尋進都水郎中仍督河時方建太廟特敕營繕郎
專理廟工功成賜白金文綺貤封褒顯銓部擬有
特擢以夏桂洲事爲奸臣嚴世蕃所憾乃出公知

思南將苗攻思南愚公爲石城衞之思州石阡昔陷思南獨存思南人至今德之居鄉不治生產性和易質直無少長皆願從之游人有過從容訓戒之人服其誠亦無怨言有在貧苦患難中者極力拯之卒不自言其恩醇德雅量莫可尚也已爲詩文對客數千言卓有天然之趣字體遒勁法兼蘇米觀其墨跡嬌嬌塵外矣所著有古容集

夏茂字仲享天資孝友學術純正自少博極羣書爲文浩放如大蘇而指歸一以濂洛爲宗舉癸卯鄉

試筮仕延津條藏鄭傳七百餘金復流民五百餘
家優禮諸生拔其才儁躬爲督課一時顯達如李
冢宰戴何宗伯洛文王詹事祖嫡劉侍御致中其
最著已公在任有時相子道延津橫甚公執其僕
笞之時議其允士民走院司申理者數千人賢聲
益著鄰邑陽武豪彊兼并流徙者控之上願就公
聽理公悉心經畫則壤定賦因而復業千餘家所
在祠之延津祠聯曰甘雨和風培國本青天白日
爕人心陽武祠聯曰居者思其所自居食者思其

所自食蓋實錄云量移廬州別駕未幾拂衣歸築室沱西杜門習靜部使者高其誼求一識面不可得風裁峻持如此最難及者甫五齡適邑議建城有曾祖母張氏墓於城址礙當遷隨父祖往棺朽見骸骨俱散時嚴寒即涕泣解衣裹之迨弱冠隨父文璧令蜀安縣遭母胡氏變扶櫬還風濤瀕危號泣必濟兄芳孝廉早逝遷葬前母以成其志弟蔚蓁夭恤其孤捐貲授室如己子居家不偶於俗一以家禮行事性嚴毅惡聞人過而簡夷洞達使

人樂盡其懷人亦日造而不厭焉祟祀名宦鄉賢

李冢宰題其門曰百世流芳徵而信矣所著有雲

渚野航集

劉艮宷字寅之號草亭雋朗具經濟才又厚以博大

湲沉之學識筮仕遂平調繁西和條議秋防總督

部臺侍御王公竝極推許轉戍都少府備龍州土

司薛兆乾憑險于紀會兵進勦奉檄督餉調得要

領遣信使入巢獲渠以獻境內底定錄功陞守龍

安綏輯善後俾反側子永爲良民公之德也解組

歸擲書萬卷披尋評品多獨得之解家法尤嚴整
子中春以北流令致政年且踰六鷄鳴問視率諸
孫惟謹公享年八十有九稱道執禮如一日壽考
維祺者哉迄今纓綏蟬聯恂恂德讓慶餘所垂宏
且遠矣
裘奇方字[redacted]號守冲嗜學力行以清介自矢耻一
切巧營爲孝廉猶授經以贍親養辛未成進士令
宣城倅杭郡稍遷守都匀終轉運皆以治聲著其
文章淵雅丰采端凝見於臨川湯義仍之推感兵

巡周僉憲之歎服久而愈新焉譚年壽榮樂於先生之前猶劍吷耳廉頑起懦風高百世哉

鄧炳字其文號樸野丰姿秀異穎悟絕人在諸生昂昂衆中萬曆丙子舉於鄉庚辰登進士授上海令邑田賦幾五十萬刀牘盈几剖決如流尨悉心民瘼邑瀕海偶颶風作水暴溢民苦陸沉察災傷請蠲發募役疏渠災民傭力食者日千計全活甚衆憐才優士破格獎掖壬午邑南北闈共九人高洪謨領解皆所識拔也內艱歸里居哀思有司罕得

識面服闋補常熟盤錯埒上海治績尤著甫一載丁外艱再補浙之長興固多逋賦尤健訟株連無已公亢法清理錢糧兩造具陳片言折服如神訟獄衰息辛卯入覲行李蕭然癸巳召補户部主事監兑蕪松尤爲盡職晋員外郎中有醝商以千金請居間者峻拒之歸遂堅臥不起三典劇邑再試民部皆膏腴地而清白自矢終始一節吴越世祠令名不朽云

劉承範字洪卿號陽莘父慶陽公治巫山以循良著

者也公行五㓜擢頴異慱習經史稗官小說無不
通究而才識超邁足以幹運之試輙冠軍乃艱一
第隆慶改元恩選入成均授河南浙川令以治最
擢守晉安州考成陞韶州府二守所至著威惠繫
去後思恩綸再錫於慶陽公有先焉公爲政精明
嚴密輔以權畧往往出人意表至培植人材温藹
不啻良師造就爲多中州全璲領解聯捷晉安蔣
杰董紹舒劉洵龍何汝台輩皆起家名宦樹人爲
國勿可諼已最奇者任晉安時計擒滇土酋既用

不折一矢扳數萬之兵受欽賞銀兩在韶州條議香山澳事宜招携懷遠歡聲動地督臺推重因受西師利瑪竇諦語遂決計歸家居建祠堂立家訓收族敬祖規條皆可師法優游二十餘年晚舉三子蓋治行在朱博張敞間而陰德與釋之于公等既多受祉宜哉

李元實字士貞號季宇器度端凝襟期宏遠爲文淵源家學而神理性光超然獨運致有高嶽大川之氣登丙戌進士高第歷戶部郎視搉江州潔已惠

商往來交頌歷守鳳陽豐沛舊都勳戚錯布幾不可問公明法勅罰豪悍斂跡磽瘠甦生擢福建憲副備兵防海當日本彭嶼之衝番舶不時輻輳奸民因緣相誘爲利公殫思籌畫靡有夙夜竟以勞瘁没於官計聞子孝廉逢時號慟欲絕徃扶櫬歸圖書數匧而已孝廉公弱冠登第自視一如寒素闢志澹圃以結社捐貲以賑貧一言一動念昔先型而取法焉秀者沐薰陶悍者服雅量孫岱毓舉丁卯鄉試不惟世厥第亦世厥德云

裴鈞字鴻卿號樸東宿負時名兼承家學魁鄉榜令巖邑而躭句戚癖欣然解組于學吾二洋縣勤於吏事洋人德之刻世譜條例甚整亦可稱善繼者矣

鄭際可字[redacted]號肖溪中隆慶庚午鄉試敦敏積學叔大參極器重之宰懷遠以撫字著稱

劉彥字[redacted]號晉所中萬曆癸酉鄉試性曠達善譚論雅接士大夫奬掖後進人樂親其教令金堂值歲旱民不知灌溉公教民作桔槔是歲稔人呼劉

公車守廣安州所在稱治林下二十餘年未嘗見疾言怍色退讓君子也

謝璉字君實號韶石倜儻負勁氣四壁蕭然商歌盈室制舉義自成一家言萬曆壬子與弟道同舉於鄉丙辰成進士授南兵部職方司主事時大司馬閩中黃公練達朝章司屬罕得當者公遇事剖决洞中機宜克詰餘暇肆力古學詩宗顏謝字法米蕪悉造精妙極爲黃公推重周歷四司員外正郎擢守泉州遇覃恩得以新銜逮雙親到任數月丁

外艱起補汝寧壤地接許潁土風兼南北頗稱繁
難公精敏晨起坐堂目清案牘耳受咨啓手裁批
答吏人屏息唯唯受成終朝而畢退食自公委蛇
委蛇最奏陞江西副憲分司湖東値藩臬多缺員
疊綰九綬總藩憲歲大比提調監試規條井井陞
廣東右轄駐防潮陽時海氛甚惡捕討累年巨憝
穴羣山中與之黨援公廉得其狀單騎入穴掩捕
殲之閩廣牧寧事載平南輿頌入覲舉方面卓異
需次邊撫暫以原秩整理曹濮未幾會推撫遼奏

事忤旨被逮旋山東兵亂破城邑用廷議立起巡撫登萊七日夜馳至萊甫入城而圍合灑血固守間道馳奏久乃得請命經畧提大兵赴援距萊不百里持撫勦議兩可委屈推官入城諭意邏者諜知故投城受撫公逆知非好來者寧委身以存城萊士庶弁紳以六月孤危一旦殞節如喪父毋言之撫按言之朝堂子斯茂尚紉紀綱燦負蒸入都伏闕陳情上震悼贈兵部侍郎賜塟祭廕一子爲勤事者勸紀綱如燦可謂義且能矣子斯茂亦蚤

有令名饑邑庠且久以廩授詹事府錄事奉使督蜀餉歸卒於道惜其用之未竟也公雖一徃焉謁而至性綿惻圜城念毋一什至今讀之潸然淚下公庶其中錫無疆哉

劉在朝字長孺號廣乘英敏嗜學身退然如不勝衣而精釆奕人十三補邑庠十五應省試固飄然有凌雲氣弱齡喪毋甫廿歲又失怙辛苦百折厥志彌堅然資頴過人雖馳騁百家而鈎深纂要不爲聞見役雖漁獵時製而醞釀醇醲自攄獨造乙卯

舉鄉試。旋病且貧。偃仰斗室。藥裹茶鐺。筆床書帙。
參錯互進。怡然自適。乙丑成進士。授福清縣。瀕海
巖邑。京貴茹連、雅非其好、固請改北學、助教國子、
擢戶部、督餉山海、關歷員外郎、課績、陞保定府、以
督餉功加級。乙亥秋、京畿戒嚴、直抵保定、整理固
守、諏得兵情、鼓勵士卒、爲背城借一計。兵甫出而
圍解。陞憲副、備兵易州、以城守功擢授節鉞、緣督
撫告病事連、及解任、歸築乘隱樓。聚書課子。忘其
身繫時望也。後値兵變。駕一葉之舟。崎嶇湖蕩。清

橐如洗。吟嘯不廢。其中有浩浩莫可涯涘者。夷險生死相代若晝夜。豈能有所動哉。雖大年弗登而文章事業休有烈光矣。子懋康瑩之並著才名。竟世其家云。

胡賓字六合號生洲穎悟性成童季遊泮登萬曆丙午鄉薦筮仕浙之浦江清廉敬慎至今浦人祀之調繁平陽居官子民一如浦江陞授寧波府尹盜輯民安課試選拔皆名下士如皋憲高公斗樞等率多顯秩轉陞江南淮安府分司河道修築隄防

勤勞王事公退之餘禮賢接士運糧考最朝廷嘉
其廉能條丁艱回籍時值多故遂長老丘園以自
終云

鄧應撻字濟民明經任隨州訓四川墊江諭因民變
招撫有功陞墊江知縣時有大辟百人公察其誣
者爲出脫之得數十人明末賊張獻中入蜀強授
僞職公不受汚從間道遁遇前所脫者數人劫兇
捍衛卒免於難未幾卒子鍾岱奉櫬歸里

潘世標字翰宛號耐菴風度端凝德性温恭博學洽

聞弘才淵識幼穎異年十五首冠童子科華亭董
太史督楚學甚器之十八歲首拔食餼時撫治中
丞□公開龍門書院招楚省及雍豫之士百餘人
皆一時名流督學王公郡伯費公司李王公江陵
令過公交咨送公入屢試皆冠軍舉行優有藝工
琢玉行比揮金之評戊午中副榜第三後應恩選
部考第一除四川資縣知縣在任潔己愛民緩征
儲清積弊資舊有義民買辦之例公曰官自有祿
何至煩民除之俗頗健訟公至申勸諭之令嚴反

坐之條久之訟自息何差役下鄉率擾民公一切聽其自至尤加意士類所簡拔率得高第人服其淵鑒丁丑流寇躪西川所至披靡公團練鄉勇易石城以甎加高增厚屹為望縣賊距境不過數十里相戒不敢犯陳洯两按臺有守貞璧粹材迅風馳之獎壬午歸里士民扳留立祠祠聯有愛民如保赤予行已可告蒼天之句歸未抵家監邑已為賊踞其子生員有毅有彝俱抗節殉難事載前志

國朝定鼎仍授徒講學問奇者屨滿平生無疾言遽

邑與人謙恭和雅性至孝當王陽春書院會時與友王嘉生諱泰徵同寢一夕心動謂王曰吾母其念我乎促舟歸而母適病癰視藥親吮母疾尋愈人以同齒指誠感云至輕財濟困解釋枉屈其盛德更難僕數晚年益嗜學博極羣書寒暑弗輟家無石儲晏如也去世三十餘季士大夫至今慨慕之皆稱爲潘先生云著有初照亭集南華註評蜀游草貧志備考清時繹說詩文僅存集詩藝得半艸辛卯纂修邑志時舊籍散亡老成凋謝公披葺

歲餘乃成書推舉鄉飲大賓中尊蘭公稱爲典型
在望道憲彭公稱爲博雅君子殆不虛云時公舉
崇祀鄉賢中子生員潘有粒攻苦力學執耳蓺林
諸孫皆讀書克世其家

龔榮遇字素若號適安季少聯捷成進士授陝西延
安府谷縣知縣夙稱邊徼接壤米脂士民多夥入
闖賊即有淳良率皆逃徙百不存一公負材幹始
至之日辟草萊招流亡廉以律己惠以與民屢請
於上寬減徭役士民乃集署隣邑神木篆時海氛

猖獗神木城守激變士民于百戒羣里巷囂然幾至不可撲滅公單騎入其叢中諭以朝廷威德廉其鄉黨之耄耋材幹數十輩携之入城察其梟悍者奬勸之令撫衆以免罪五日而事平兵科給事王公分守榆林欲叙公功力辭曰小民無知若一申請勢必株連殺人以圖陞賞榮不爲也事遂寢居二年始聞弦誦聲修葺學宮城垣縣治而之狐穴狼巢變而爲萬家煙火屢膺奬薦七載報政入爲大行人士民遮道哭送竟日不得行

建生祠於縣治旁。至今歲時奉祀焉。三奉使命。道經闕里。請奉先聖刊容以歸。擬勒石圖像於學宮。癸卯、兆闈同考。所得。如黃會元紉緒趙會魁廷珪輩九人。皆名下士。陞刑部江西司主司員外。單恩加贈先世。陞雲南司郎中。値帝德好生。多所平反。屢沐宸眷。兩賜清問。奉命同修大清律例。陞授平凉府知府。飲氷茹蘖。政簡刑清。多所興革。嘗自聯其署曰白璧無瑕。廉遂平生之志黃金橫帶敢存先樂之心清白自矢盡其素志云二年陞西寧道僉事大計入　覲當軸皆褒以詩章後以平凉兵變士民多甘棠之思將首輔大將軍由總元戎以非公不可安集題改固原道副使撫慰多方積勞成疾請於　朝以原品致仕卒於家

劉懋夏字公蕃號竹齋仕朝長子成童時即以忠孝廉節自期伯父中憲公深器之順治戊子拔明經辛卯同弟懋爕登賢書乙未成進士性沉靜溫慎

如處子飲人以和制行不苟生平多隱德早失怙恃每一念及輒泣下眞所謂五十而慕者矣事王父以至孝聞筮仕授青州司理終任不以妻子隨甫下車則誓於神氷霜自矢屬吏饋遺槪屏絕齊郡多欽案或叛或盜數十年指鐵案者公得其情立辨而釋之全活不可勝數至武斷兼力之徒不盡法不止撫循苦廬寒暑周恤六載不懈自奉若寒素一冠一裘久服不易青甲辰旱荒五閱月公自歷下還禱而旋雨青人益奉以神明屢求解綬

不名會得裁官報喜形於色即日就道闔郡父老男女哭聲震地攀轅不得行既歸怡情緣野上官邑令罕得見其面閉戶著述引進後學孜孜不倦濟人之急賑人之危皆勉力為之惟恚不樂比匪因是亦或來侮終不與較優游林下十年親見少子鴻詁掇巍科年六十二無疾而逝人以為陰德之報云塟日邑中無少長踈戚皆悲泣豈非秉懿公好在人心而盛德感人深哉善行楷著有竹齋雨文諸集容城嚴平子列傳所謂醇而又醉人無

聞言者也景其風者廉立寬敦兼焉矣

鄭欽簡字■號韻庵丰姿嫻雅器識淵凝弱冠即以詩文擅場明末兵亂筮仕隴西與鄉先達胡公上達相依變亂中胡公倚之為性命友

國朝順治中除授雲南臨安府蒙自知縣蒙自接壤安南即古交趾地自黎季犛叛踞不通聲教公奉王令傳檄招安時交趾篝路險窄三月飛花瘴發染者決無生理公廉知牛羊土官儂萬鍾屬八知解瘴毒招致之儂土官即遣獐明慧逵二酋來領

王命赴安南公亦繕檄文往得安南宗國公恣復書歸安南貢使遂通叙功擬陞授會目疾不痊乞致歸里居鄉詩酒自娛與老友魯公御卿龔公嘗升等八九人自擬爲香山會云

胡上達字孺成文章高古名譽卓絶登己卯歲貢復中本科副榜奉旨恩拔入監考選陜西鳳翔府隴州同知

清初授陜西慶陽府司理鰥寡不侮彊禦不畏每斷獄寧失出無或失入慶陽人稱爲省事推官子公

恪公陶補邑庠公忠應辛酉歲貢欽恤之仁所畱

多矣

清操列傳

魯三壽曰天下惟清操之士然後可以當大任惟清則無欲無欲則無私無私則公公則明進則有爲退則有守故周官六計所重惟廉後世誤國之奸其始豈意其禍之及於而家而國哉欲不能窒而昏蔽隨之千古一轍也庸人不能自廉而目人以矯吾以爲即矯猶愈於不廉况其真能廉者乎

傳清操

夏希仁洪武中旁求天下明經之才有司以希仁應

召授上元縣丞居官勤愼淸苦每公出計月賫餅
而食號燒餅縣丞

唐本忠幼聰穎才氣不凡厲志問學會倪文俊起沔
陽聞本忠名召之本忠拒不往洪武初舉經明行
修授京山教諭建宮墻育士類甚有刱始之績後
遂徙居焉康熙壬戌補

王芳元季應舉不第遂隱居不求仕明高帝開設學
校有司薦爲本縣教諭能嚴規制以勵諸生

何繼冊性恬靜動止閒雅洪武初薦辟爲邑訓導考

續之京乞致仕特賜勅遣還時人榮之

王希周洪武初以孝廉薦不仕而歸人稱爲村樂先生

吴愈字益之爲鴻臚寺序班勤慎守職在任最久正統初陞光禄監事秩清事簡非其才所宜居也未幾致仕歸

張錫字尚絅早孤有雋才童子時口占詩對多奇語中正德庚午鄉試性坦易亢直抵掌譚笑磊落負奇節任台州府節推與一僉憲語不合遂掛冠歸

台人思之善訓廸人門下士多顯者

潘彥富字大有號龍淵負勁節亢直不阿筮仕上元縣著操淸白官評有云署政兩邑不招物議居官六載不攜家屬轉潞安府判不數月歸稱道守禮閭黨皆師事之趙大洲過監利語同年李公曰吾愛龍淵先生大洲公少所許可其言如此可以知潘公所自立矣趙內江人名貞吉謚文肅

徐行可復姓康字叔魯性高潔動稱古人爲文多類太蘇舉進士筮仕浙之桐鄉奇氣峻節學者慕焉

吳一元字□號前川賦性亢爽居官清廉筮仕雅州峻持風裁遂調藩相屈賈傅於長沙乃在漢文時矣士論惜之

劉魁字景星明興始受辟爲邑諸生治大戴禮從石首楊文定公遊文定曰此老友也不宜在弟子列時邑有學無師公伏闕上書願得經明行修者爲師廣厲學宮朝偉其請以李公鐸來視學事公幼讀書荆臺觀先哲任倫在羽流公以氣誼相許與任感奮益力學甲午任舉於鄉公弗第任以知

已之感陳按臺以先公舉爲愧按臺立命追入江
于同鹿鳴宴次丁酉公得舉時楊文定公以帷幄
親臣輔青宮忤旨下獄公聞而恚之遂絕意仕進
仁宗踐祚楊公爲執政舉幽拔滯疏公名以請上
俞之令有司勸駕公力辭不赴値有詔凡舉貢士
文卷到部不願就職者有作養恩公不得已授四
川大足司訓即乞休文定公知不可奪乃遣使送
歸繪修篁古木圖贈之以言曰老幹稜稜飽雪霜
蒼岩深處倚幽篁此生不作明堂夢羸得山林歲

月長之句復扁其居曰存澤堂其子祚以孝行膺
特旌崇祀鄉賢祠
劉立字[redacted]號黎宇剛直自遂遇事侃侃然屬辭遣
韻亦每字挾風霜蓋式古砥行而有得者司訓池
楊擢楚雄令卒以牴牾免介如柳下莫之援也可
勝惋哉
謝遐字蓬瀛鄉賢蒙徵公長子也孝友忠信輕財重
義有古人風每讀經史一過目即不忘下筆數千
言立就髫年食餼試輒前列時以文名善誘掖後

進凡經指授者爲文辭皆有法門下多登仕籍胞
弟司馬璉孝廉道皆其所成甫出貢遂卒惜其壯
志未酬也數傳後子孫盈百其孫應早先登歲薦
不得於其身或得於其後歟
謝道字君履鄉賢謝縈徵之次子也性温厚秉禮望
其衣冠知爲長者爲文弘麗典雅萬曆壬子與胞
兄璉同舉於鄉苦志力學與大有爲雖司馬公屢
歷仕宦未嘗一至任所及兄致身東事册封君年
高朝夕奉養始絶意進取其敦族訓子事事皆可

法則長養斯植克繼先志嫡孫應煌辛酉副榜貢
士諸子若孫繩繩振振人以爲忠孝之報云
李岱毓字山甫號仁石憲副公元實之孫孝廉公逢
時之長子也秉質溫恭聰穎絕倫試童子輒冠軍
科歲屢次優拔中天啓丁卯鄉魁壬午揀選未就
本性恬退不樂顯榮弟嶸毓係
本朝順治初季明經授黃陂教諭亦辭職不就兄弟
偕隱克承先業其所由來遠矣
鄧祖禹字台長謹厚端慤專攻學術登丁酉賢書不

惟光犠不干公庭卽閭黨交遊從一介不苟家業
漸落胸次間澹然無欲粹然至善也名不償德而
清操特立可以永傳矣

節義列傳

曾三壽曰士以節義見士之不幸也不幸猶能見節義是不幸何足以病士鴻飛冥冥超然遠舉與夫捐軀成仁不苟倖生其勁氣諒節易地則皆然

傳節義

張鏞字彥常第進士爲人謹重初爲饒州通判有善政擢真定知府坐累刑官笞之不屈遂飲憾卒於獄後事白其父詣闕訴冤得其人以償焉

鄧俊正德初任四川營川縣典史時鄢賊猖獗所過

無完邑公防守甚嚴不能破賊糾黨合攻城陷公
謂其子曰吾與賊不共戴天何以生爲遂父子俱
歿朝廷憫之官其二子公甫

聶助字湘明爲學以正心誠意爲宗深得考亭之旨
表章書易傳註伐膚剔髓遊其門者吳君緄劉君
懋燚朱君長棣皆魁於楚冢嗣公士貞成進士任
定遠定海兩縣潔已愛民奏績報可內擢內閣中
書諸孫列成均膠庠文采郁郁備清廟明堂之選
皆公薪傳也生平性至孝母喪營葬哀感風雷之

變父殞哀毀久成骨立之形至於端潔律身始終一致不營產不言利嘗以館穀貸鄉里某之急焚其券某持償公曰券已焚卒不受完德無忝矣崇禎癸未之冬李闖兵入鄉境仗義罵賊甘殞如飴由蹈義者素所欲有甚於生也食餼三十餘年鄉試者九科中副車榮名未就而道德之光貽於奕葉者長矣今請祟祀鄉賢

歐陽道輝生員李闖兵亂團聚保境至毀家而不顧雖功匪光邦宛未得所而志意較然照人心目其

與聶助均有不容泯滅者矣

郭之樞字象維邑庠生事親至孝毎與人譚忠孝事

及自讀忠孝文輒淚下不能禁甲申歲流寇嘗過

其地樞聞京城失防崇禎宴駕遂痛哭昏倒幾絶

乃奮然曰食毛踐土皆屬王臣我側身學宫而無

殺賊之志何以人爲因倡率大義聚鄉族百餘人

殺賊數十而死至今里人猶哀念之不忘焉

孝行列傳

曾三壽曰孝之大者尊親養親其次守身事親擅鄉黨薦以爲非孝也至於殘肢體毀髮膚不足道矣然而末俗悖戾有能爲孺子泣者亦聖賢所不棄也故大行與細行不妨同類而並列之傳孝行

胡廣官太傅已詳經濟傳其以孝行著者爻罷爲交阯太守先娶汝南黃生太傅廣及卷令康繼母亦黃字列嬴年九十一而卒於洛陽左池里舍廣事繼母最孝不能從先考之兆乃卜塋於洛陽界關

亭之阿廣子陳留太守碩亦塟焉今夏水北岸有交阯太守墓相傳有蔡中郎所撰碑亦無攷矣孝行如太傅不蔡碑亦傳哉

王佐字公弼伯玉曾孫第進士授行人晉户部員外郎迎其母母曰吾老矣不能從子走四方也公曰兒柰何以一官棄母遂乞終養

任倫字秉彝初爲道士一日忽從儒生學輒賦詩以見志識者奇之不數年登高第授四川道監察御史在臺中有聲尋乞外補就祿以養母改南陵教

諭量移撫州教授

胡宏中天順壬午鄉試授寧波府通判年十三執父喪哀毀骨立致政後逮事王父母以孝聞

王多祜字君常庚午孝廉國寶嗣子博學篤行事嗣母以至孝聞子母相依四十餘年如一日人無間言嗣母歿哀毀骨立幾至滅性則母氏之慈與子之孝於兩難全中得兩全矣長子承家苦志未售次子承宗順治甲午歲貢考銜通判以母壽高遂不仕兄弟孝友相承咸有父風鄉里稱爲長者天

之善報正未可量也

程鳳舖兵也未嘗讀書每聞人道孝順事輒淚下嘗

割股愈母

劉祥司訓劉魁之次子甫四歲魁疾瀕危籲天祈代

值母龍氏割股進魁疾旋瘳父卒廬墓有虎夜入

廬公泣曰勿驚吾父虎妥尾去及母龍氏卒執喪

廬墓如父禮事聞旌曰孝子生員劉祥之門

夏文忠割股愈母疾

吳文明邑增廣生母郭氏事之至孝妻偶違母顏遂

出之毋病嘗糞毋卒廬於墓側悲號數年至今廬
墓之艸不蕃孝行之感如此

黃家瑞字草聖年十三毋病禱於神割股哺之尋愈
遂精治岐黃之術節推劉公顏其廬曰上池孺慕
謂以孝行而工醫術也二守周公三守毛公節推
朱公各有旌匾

蔡均割股有院司旌奬

楊彩割股救毋本縣藺公完瑆旌表其廬

王希堯朱家河市民康熙十年割股愈父邑侯衛旌

以額曰孝誼可風

何仰吾原姓歐陽父病咽喉疾諸凡飲食即吐服藥即吐仰吾不令父知割股以進即愈三年後其病復發又割股即愈及母病如父割股亦愈　邑侯陸公昌祚賜匾額以旌之曰孝可通天

吳煥字質先性至孝色養有禮父學閔病月餘嘗糞朝夕侍湯藥衣不解帶病篤刲股其妻董氏含淚致誠和羹以進明月父大愈後父沒竭力送窆歲時哭奠無異新喪盡敬盡哀五十五年如一日焉

謝嶷係坊廂里民謝又堅之三子年十二歲康熙十六年値父病割股救父前任李侯有匾旌曰孺慕可風

監利縣志

德行列傳

魯三壽曰：人之有德行者，無論出處，要當使國稱君子，鄉推長者，其言論風采嘗卓然自豎立，而忠厚居心，和平應物，真足以寬鄙敦薄，非徒退讓恂謹之謂也。今撮其事久論定，人無閒言者，立德行傳。

胡瑞，字叔温，性穎悟，善剖析疑義。任臨邛教諭，丁外艱，生徒詣闕保留，其得士心如此。

劉灝，字志高，鄉賢艮宗之祖也。樂善好施，犯而不校

惟知務本教子讀書荆州府同知甯稱爲善人逸
士贈之詩云琴書共樂林泉靜詩酒交歡草木熙
平生行止超凡俗共道無慚百世師之句以長吏
而與部下布衣交若平等淳古之風也世傳灝像
類上淸觀西座老君亦偉矣哉
裴偉字士奇歷官淸愼居鄉謙和自處儉樸鄉人推
重謂有野舟公之風年九十餘卒
王桂字名芳工部主事公福之父也弘治己未貢開
戶著述不樂仕進改號靜僻性孝友有伯毋吕氏

孀居無嗣同居事如已毋嘗領批赴省値呂病遂
留不往身侍湯藥呂亡哭不輟鄉人歎服其致行
高潔有古貞士之風焉以子貴贈都察院都司
朱子裔字孟述少孤力學任郘陽宣毅有聲子臣亦
克世其家云
劉鈞字秉衡性俊爽善議論嘗議剏築黃師堤條畫
甚備中丞陸公多用其言
王公福字天錫元黎政伯玉裔也事父至孝訓子孫
甚嚴閨門之內斬然居官歸謙退好禮令之言修

潔者必曰王公子之屏奇頴多材能爲蜀中叅軍

夏應宿字拱辰其先有夏知府者今逸其名公性和易與人言徐徐詳愼無惰容居官寛厚蓋長者也

劉中孚字[redacted]號見山質任醇慤不言而飲人以和司訓房縣識太僕劉大受於髫齡暨黃陂諭拔周裴於寒微惓惓嘉與不媿師範

劉仕朝如龍長子少精帖括數奇不遇因肆力於古文辭旁及象數岐黃之學無不窺與詩清苦伯孟襄陽書法足繼文敏與從兄中憲公在朝競譽一

時性靜雅能容尤極孝友易簀時遺命曰事爾祖當如吾存竭力養志勿可誘也長子懋夏成進士居官清慎皆公遺教也公蓋慎德君子哉

潘潆字宗元號景鳳豐頤修幹識度恢閎意常豁如纖塵弗累學蓋見其大者說經史疑與處不數語洞晰出其門多所成就初授隨州訓立社課士得田見龍程鐸諸人何崑柱相國楊大洪總憲贈言褒美歷平江諭邑山僻率三十年始一舉爲改建學東街樓居萃闔庠淬勵之是科甲子得胡鵬舉

後洪名臣李長極兄弟相繼登科皆公手造也再
陞岳州授修葺學宮考定從祀諸賢位次編緝四
禮攷祀典儀註太守黃公謂如此材三任廣文仕
路其有公道乎竟致仕歸平生砥節礪行竭力事
親友愛昆弟一鬮之甘必與共敦行不怠如此弟
藻執經受業竝擅時譽應泰昌恩貢子世標應天
啟恩貢任成都府資縣知縣
胡守道字淳夫號古蓮至性誠慤事繼母以孝聞待
諸弟以友稱官司旌其篤行鄉黨緣子賓贈浙江

金華府浦江縣文林郎身佩命服者二十餘年孫
子盈庭人咸爲盛德之報
裴惺字仲常偉玄孫也學本朱程行敦古樸平生嗜
學不倦歷試冠軍乙亥拔貢任溧鐸分俸米以濟
貧士勤教誨以養人材後不樂仕進設絳閭里邑
名士多出其門掇春秋科第者濟濟著有四書斷
輪解周易本義增補註讀以牖來學有功傳註洵
篤行君子與
夏起載字公乘號壽山鄉賢公夏茂曾孫也中鄉試

時方弱冠

國朝己亥成進士筮仕河間縣善政班班陞邳州牧

將移任以科塲罣悞回籍河間人士去思誌載之

曰公謙謹仁恕以告循良爲法且廉潔自持謝政

日囊橐內止書數卷而已士民重之方在署時一

夕雷雨大作墻棟俱圮僅臥所數椽未摧起而旋

覆佀有神佑其居官之協於天人者如此事親至

孝父沒廬殯所三年撫幼弟起庸成名卒親志大

抵生平謙謹仁恕廉潔自持如河邑誌所云者著

有觀瀾齊集大易講義拙宦草

夏錫金字廣礪號上齊起載姪先是尊公起先字伯陂十六餼於庠生平嚴氣正性積學愛鼎爲邑中所尊師九科不第而齎志以老誕公聰敏夙成未舞勺即冠軍食餼少年成進士其觀政寄兄錫攻書曰無事常爲有事之防大才須加小心之懼不求有福但求無禍又書曰慎重作人小心過物凡事即有理當學老氏退一步法即此可知德量之醇至矣尤爲人所難者赴大對時偕同年鄭君入

琦王君三薦途遇萑苻賊兵鄭公曰二公不可死
吾猶可死賊怒詰之曰王有老親鄭未有子我有
子女無父母故可死也賊義俱釋之求之古交殆
未數數見也惜未及仕弘才大志不克表見惟今
古詩文若干其一臠半豹焉公早逝子師勳師烈
尚幼賴兄撫育孝友擅一家矣
吳宗魯字伯望養利公一元孫七歲失怙母羅孺人
教育爲膳堂名士屢試高等事母至八十二歲以
孝聞德量寬弘喜與人爲善好之不啻口出衣樂

栽成後進世居學宫之傍每月再聚城中俊秀子弟課之菓餅筆墨示獎勵之意受益者多

國朝初乃翹薦偕諸子觴詠鄉村間脫然濃豔之外優游以卒今邑中稱前輩高蹈必首先生風流不墜云冢嗣緄才情駿發年二十魁於楚縉紳庠俱有聲、

魯巡字御卿襟期高朗風度莊凝幼穎異涉獵書史一過不遺年十四補弟子員試諸生高等質直嚴正不苟徇物鄉有爲不善者不畏有司之法畏公

之是非當明末用兵劄委四出同列競乞委銜冠葢相望公負有爲之才値壯盛之年惟匿跡湖干藏晦岔溪及事定同列多受口語而公一無所累人始服其高識自後絕意進取優游林泉有晉處士之風友人文學李公龍友貽之聯曰八家辭賦承先輩五柳柴桑擬晉陶葢道其實云教人先孝弟次禮法子姪見者進退坐次毫不相借每歲賓筵必虛左以待有司親執幣敦迫勉就如是者四年八十二卒兄弟七人皆聲著藝苑子三壽應康

熙壬子拔貢九壽舉康熙戊午鄉試
李尚芳字蘊伯爲人和易慷慨素重然諾事父母以
孝聞常割股以瘳母疾捐貲以賑貧乏尤好翰墨
結納皆名流雖當兵戈之際而詩酒圖史未嘗去
側也家教又極嚴整弟尚隆中丙戌解元子維明
中辛卯鄉試壬戌授臨潼縣知縣餘皆庠生孫著
國學生振振繩繩人以爲盛德之報云
胡漢號天池早喪父事母孫氏曲盡孝養母病衣不
解帶朝夕侍湯藥必親煑嘗而後進明季遇賊將

殺之泣語賊曰死則死矣七十老毋未得終養乞
假片刻拜謝毋恩死無憾賊感歎曰孝子也釋之
父喪弟漼甫九齡漢撫養教育漼得苦志螢窻登
辛卯賢書除授司理陞補令大庾兄海早喪姪就
臣甫過歲漢撫養婚娶勤課督均產宅與巳子無
異視焉歲丁酉就臣登賢書授浙淳安令故通邑
咸以義門孝友相推重戚族孤寒不能有室者爲
之婚娶貧苦不能自存者爲之贍給遇閭中搆訟
者婉言排解無不感悟冰釋凡若所爲有人情甚

難者前邑侯　韓開之甚加敬禮請赴鄉飲大典
贈之扁曰錦里高風以其孝友性成端方耿介輕
財喜施好義履信卓然有古君子風子四胡珍臣
胥臣展臣發臣俱庠生
丁芳字天漢賦性恬雅古道自處人無閒言弱冠應
童子試太守朱公刻其文甚加器重事父德所以
孝聞及歿哀毀過禮雨雪之夜必泣繞墓旁聞者
莫不哀感平生不衣紈帛曰吾未嘗以此奉親訓
弟丁芝慕古實學友愛篤洽數十年如一日族屬

有孤幼竭力撫養待其成立與物和平而正直人
敬且愛之次子宗綸學行著聞聲起藝林云
劉起漢字羽季邑庠生墊江尹餘芳之曾孫紳儒世
其家天性醇摯非言不言非行不行老謀石畫歷
爲邑父母所諮籌孝友直方每爲都人士所欽服
凡少年喜事及鄉里之爲不軌者畏羽季知如畏
法誠王彦方之再見邑有紛爭不解疑難不决片
語剖晰若毛遂之定楚從者然其盛德在人今口
碑猶鑿鑿焉子庠生昌韻立品有父風蓋克承先

德云

羅朝安字磐石敦樸自矢誠正不欺雖横逆妄加恬然不校惟好敬禮名士殷殷教子乙酉春闖逆臨縣難民千有餘人爲賊困於下乾港環河干號泣引舟濟渡僅賊盤踞日久饑窘難任復罄所有以給存活者甚衆癸巳春歲旱米貴出粟一百石入官賑饑又於戊戌臘出銀五十兩入官賑饑邑侯蘭韓二公特扁旌之忽於庚子上元夕夢神語曰君在塵寰四十八年今五月十八日當還舊所及届

期果衣冠端坐笑語而逝子全才介才名列成均
令才會才與其長孫宗清俱邑庠
朱國柱字天培生而英偉甫童子即有睥睨一世之
概及入國學授上林苑署丞任未久遂掛冠歸里
省先人墓聚手足歡徜徉林泉意濶如也性慷慨
謹然諾宗鄙有事傾囊玉成周急解紛勸善規過
終其身人無間言焉年八十以壽考終生子四大
修一璽天伍敬修孫士瑷士瑱士理皆庠生
王嘉賓性豪爽有才畧少游燕齊吳豫間日與鉅公

名卿游見聞博洽瞻識超邁其族居汙下苦里後相率欲逃嘉庚爲請於藩司陳公德完減丁糧若干家濱離湖有倚太府勢影占其世業者又請於上爲清疆界族乃不徙於是購義田以贍族軍民之後明季賊擄郡邑土寇猖獗嘉庚倡率諸姓固守其里荆安紳士細民來依者甚衆日館廩之皆得安全無害後　邑侯韓公望侯公夢卜屬致賓筵俱避不就年八十七而卒固才而隱者也

徐永道字冲所性篤孝友行極端方而家訓嚴謹崇

尚禮讓每遇凶年嘗捐已資以賑困乏并囑其子若孫以有餘濟不足逢人即以孝友婣睦任卹勸勉其行如木鐸之徇於道路鄉族咸宗仰而化焉壽八十七而卒至今里黨間稱頌其德而不衰

裴足徵字元禮學吾之孫也幼聰穎力學年十九補弟子員屢試輒優等數奇不遇孝弟力田教率宗族以無替家聲生子四典章軌章龍章成章課以詩書俱列膠庠晚年慕樂天遺事扁其居曰白庄有隱君子風焉

文學列傳

魯三壽曰文學之稱非帖括制藝之謂也明儒以制藝取士士之博通淹雅者不盡見錄故有著作藏名山而名不挂於邑乘者後世無傳焉今依舊志所載有詩文書卷行世者彙爲一編外此見聞所及續入一二嗚呼其所遺逸不知凡幾可概也夫傳文學

張勉洪武間上幸學諸生以次講經史勉講畢大獲奬與祭酒題堂柱曰能講書張勉

劉忠字良臣中弘治乙卯鄉試任四川資縣知縣以文學稱魯譚經門下士多顯者居官愷悌不爲赫赫聲未幾歸隱長於詩著有橘坡集時寧藩聘不往繪樵圖答之題曰婦囑夫兮夫轉聽樵須放擔頭輕昨宵雨過蒼苔濕莫向陰岩險處行後寧果敗

夏文璧字廷珍早孤博聞强記學者多從質問性嗜學至老不厭語簡重然一出於款誠視世之勢利泊如也蓋抱道清修者所著有東江耄言諸集

李尭字公植號九中思甫公子生而岐嶷六歲能爲絕句詩九齡從宦山東登泰山讀秦皇碑曉起望滄溟日出題詩峭壁上峻絕不群嘉靖甲辰從宦京邸出見茅見滄敖夢坡兩太史試以詩多警語藉甚縉紳間歸處黌序一意慕古博綜淹雅視進取泊如也乙卯舉於鄉越丁卯子元實繼之並上公車每旦必對試七藝爲古學自命絕不肯俛仰時趨迨甲戌續修邑乘事覈例嚴不愧作者居平嘗揭澹泊寧靜先憂後樂之語於座右其取法誠

不苟而積學逢源謂與聖賢同歸可也

劉中春字孟仁一字龍門世冑也博學力行以明經令蒼梧之北流曰吾得棲遲勾漏師友葛洪足矣性方潔一介不取服御樸陋勸民墾田若干頃神廟有賞有韲措會寮吏酬宴皆醺然潦倒公獨不飲韲指曰衆人皆醉北流獨醒蓋怒之也凡餽問上官悉取家所畜珍奇曰不以累吾民焉時尊人中憲公良宷年已老歲時寄省惟蜜食一瓶而已涖邑數年獄無宛囚又邑衝繁民苦送迎供億公

方歸中憲計其不能治裝遺使以百金迓之捐過半購館舍器物以贍後人擢通守以親老致仕每晨昏視問經神祠必拜而以有道之長四民安樂爲禱繼母杜恭人薨公年七十餘哀毁匍匐二十里許躬爲封樹蓋古之獨行君子也

張本豫字□號清野博學能文貢入成均試義命有自合正合之理爲王文肅公鑒拔延訓子衡丙子舉北闈任墊江不數月歸以詩文自娛所著有綠斐軒集

劉如龍字震伯號克亭北流尹中春少子承累世家學博聞强記十七補博士弟子祖中憲公艮宗命其以通今學古爲槩日課以十三經廿一史二十二入國學任四川建昌衛行都司斷事其地在漢爲越嶲郡獷猂難治公行潔性誠蠻俗感慕衛有某姓者家饒足緣事被繫同官等索重賂各厭其欲獄事公實治之獨毫毛無染或笑其迂公曰予豈乘人之危而攘其材者哉嗟乎即此一節其過人遠矣僻壤一屬吏所生全甚多以母老乞休歸

遂獨闢一室坐卧其中手執周易一編終日研味有獨得之解邑侯唐公三舉鄉飲大賓壬午孫懋夏奉公避地沔漢間舟中旅舍亦事著述將卒之前夕猶温易一過壽七十三其盛德不媿古人而宜其垂裕之遠也

康樂字成仲乾州守棟之弟也沉酣實學從事經濟不獨以辭章自顯當時督學使田公項試尚書義二首更與論四府問于房孔明優劣頃刻立就田大異之曰吾行江漢間未見有精深淹博如此生

者數四代斲古文辭期以公輔歲丁酉舉於鄉而年不副才人服田公之氷鑑而殊爲先生抱慟焉

先生性行孤峻翛然物外足跡不履城市後進叩以經旨若文藝輒娓娓譚不休人謂先生明道淑人之功不可泯滅云生產最薄或粢糲不充而樂於施予甲辰歲大旱野有餓殍先生從富人貸金糴穀二百石以賑宗族鄉里不責其償鄉人誦義至其自奉極約登科十餘年未嘗一御綺縠所居不蔽風雨其持身雅潔如此生平著作頗多尤長

於詩臨殁述懷云貴士文章空有淚百年誰識此
心勞大概見焉矣
朱魁字嚴淳穎資博涉能取而歸諸雅正任黃梅與
瞿慕川先生往復論議每加嘆服謂其學之有本
裴學言音詩學切韻諸律弗爽銖黍於各體森然有
度雖闊肆浩放有所未足要不愧辭壇之准式矣
尤究心素問靈樞屢起於膏肓精思緒及過人遠
甚
康礦字冶之號畏齋孝廉樂之孫也少而好學構樓

聚書較讎其間靡間寒暑於制舉義禀經式雅每試輙着屢受知於督學諸先生居城中以風裁率物一時受業如憲副劉公在朝孝廉李公岱毓和平尹朱公穆秀明經如吴公宗魯魯公婁源李公星毓事業文章皆名擅一時萬曆己酉歲塲中擬元偶於紅卷尾有馮應科名目誤中副車逮後竟以明經終遊南雍為大司成所賞鑒首錄公卷上京赴選例應授職公曰吾數奇不遇以明經博一官何所短長乎遂退處村墅屏跡城市公系出江

右原姓康在監利姓徐嘗自言曰尼父自謂殷人馬遷溯系重黎我輩安敢忘所自明崇禎丁丑遂具呈督學王公報部復康姓因成族譜序記志傳皆出其手建祖祠以聯宗黨廣祠田以奉祭祀所著詩文集甚富皆以兵燹散逸精於易有譚易膚義猶存焉程之洛曰古德言君子也雖不能及心嚮慕之矣

王薦早擅才名與修荊州郡志文學隹得立歐陽明太史雷思霈共結騷壇之盟垂四十餘年著作甚

富

鄧維賓玄緒湛理效陸皆有韻致江左名流之儁也淹雅好讀書名擅辭壇且久追星卜堪輿諸家多所發明專門不及也讀哀民部公數章孝友之性藹然沁心矣

夏起相家有藏書志存躭嗜以博採遐覽爲務邑中掌故備細編輯考定族譜自忠靖公暨東江延津文集皆有次第蓋名裔克家者云

周熙鎬字敬甫號夏水父嘉胤以諸生殁毋唐氏遺

腴生熙年未二十苦栢守子熙生而穎異長而英敏苦心研究博極典故凡六經子史百家之言無不熟識九歲善屬文弱冠補弟子員歷試諸生八次冠軍舉丁卯鄉試後庚辰應會試闈中賞其文列爲房首袖其牘上之總裁偶隨垂袂中覓之不見遂不獲第而熙亦以是年卒年四十三著作甚富生平重節義喜文章慷慨有大志下筆頃刻輒千言雄偉峻拔不屑與衆爲伍至今誦其詩文人皆歎服而惜其年之不克盡其才云

李龍友字水修詠諧特達丰韻飄舉諸史百家稗官小說靡不淹洽自少補弟子員食餼尤工辭賦樂府音律諧韻無差著傳奇數種語必解頤明末兵亂徜徉湖干與老友潘公翰宛曾公御卿王公非長輩支節泛棹嘯詠永年平生無一息作戚戚容至老不衰晚年有集唐句及各詩文若干卷年七十餘卒

李運隆號春倩才情宏濶倚馬數千言根極典奧博通梵貝琅函邑侯符公昌祚杯酒間索秋月揚帆

輝古風衝口立就豪放有青蓮草聖之風紙貴一
時著九編十種今文偕著卷集惜未刊行氣概岸
異不可名下貧老以終大要侶徐文長云
朱化穆字鉉修號藕庵毋王孺人年十八稱未亡人
生僅三日撫育教誨至七十猶不以家政相累早
爲名諸生高公彙旃極意賞拔昕夕志得一第以
毋孺人苦節上聞丁明末寇氛不遂乃謝巾衫耑
攻古學博覽羣書下筆雋永有致尤耽於詩與華
容黎公耳庵嚴公平子邑劉公畏庵相與唱和刻

有月開園集凡邑之東魚魚雅雅者不問而知爲受業弟子也晚年一病半人坐臥六宜草堂書卷療疾更妙有靜悟詩文愈高邑父毋師長遠近知名士箋函屐齒絡繹不絕畏庵叙其集曰登名臣錄不如入高士傳寬其然哉

鄧祖清字水臣號西波賦性端雅博極羣書幼補弟子員嫺詩文辭賦諸體咸備有孟笑君晤藕堂洛如社各詩集又有詩韻訂誤采月錄萬姓滙轉註篇晚年有吷艸各數萬言將象巖先生題其堂曰

適堂題其室曰磬室自著磬室問答以明志韻邑侯韓公望同里節推劉公懋夏南安蔡公之元皆有詩叙公善書尤工篆隸年八十餘猶燈下作細字頗好禪繙閱藏經具夙慧妙悟嘗自鐫圖章倣古石刻俱極精研公大父司農公治聲卓著詠什盈笥爲邑後學楷模公固世學淵源云

羅朝偉字平子號[illegible]好學力行博洽淵茂擅文章之譽每制義出爲時所誦服累試冠軍尤沉酣古籍胸羅萬帙著詩文若干卷至性孝友訓諸姪如

巳子皆獲有成應順治戊子拔貢考授節推公雅
不慕榮宦惟耽志林泉著述自娛子石才文行醇
粹言論造次皆有可觀人以爲家學有自云
曾選字德推曾守愚之三子也少而岐嶷丰姿卲秀
穎悟絕倫性敦孝友行尚端方父數病日侍湯藥
目不交睫諸弟尚幼日夜拮据延師督課其所與
敬業樂羣者悉名士碩人如謝君部石等公性耽
精潔篤志縹緗治書樓於宅左引流種樹手植名
花鄴架牙籤藏書萬卷謝君題其額曰筆花樓其

時謝公君履潘公漢宛輩共禁筆花經濟文章快聚一堂公苦志雪窻六上秋官數奇弗售於乙卯中鄉試副榜大槩未遂年四十二而卒兄弟七人皆聲光藝林子文壽中癸卯鄉試公負古之篤行君子自應克昌厥後也

戴羲字馭長少穎悟舉神童貢入城均授光祿寺珍羞署署丞服官清慎供辦勤勞南郊大典供職優敘以覃恩贈封父母及身擢山西遼州同知陳情乞養俞允加服俸二級歸里孝行彌篤所著有陶

照軒集二十一史文鈔并養餘月令詩經簡註周
禮左莊摘讀俱有藏板

李星毓字月崖號輔野憲副公元實之孫孝廉公逢
時第六子也髫齡遊泮食餼宮墻行文奇古不偶
時蹊下筆數千言皆有磊落之致性喜詩文交遊
益廣尤輕財仗義扶危拯溺卓有高祖思南公孟
祥之風壬子以明經登於朝未仕而終

董政字宸極少負雋才弱冠入泮宮屢試高等遂於
易理尤肆力於古文有澹園詩文集行世至今膾

炙人口教授里中其門士多知名士

朱重光字康侯博聞强記工詩善賦年十三補邑弟
子員所著有周易指南樹園詩文諸稿學者咸誦
法之子典禧食餼平江

曾遷字貞父守愚之幼子少失怙性岐嶷過目千餘
言輒成誦十二補弟子員屢試高等杜門著書絕
意世情與人言煦煦春風至其義所當爲雖賁育
不能過也居閑惟以課子姪爲事凡著籍賢書及
明經諸登仕籍者皆公手植鄉里有善諄諄奬誘

惟恐後其有不率者援經引義婉誨之不從即嚴
氣督責之高行碩德卓乎有隱君子風于三人鵬
壽選拔教習正黃旗考授知縣鸞壽鶴壽俱庠生
劉起元字太始御史公劉浩六世孫事繼毋同於所
生至老不衰待異弟友愛無閒方年十二連冠童
子軍尋食餼苦志經史博精旁通以文名雅重郡
邑中副榜者五科遊其門者多成時望嘗過黃邑
尊於橋上偶占其末語云圯橋不遇黃公訣那得
身爲帝者師可見遭逢抱負之一班矣著有凝露

集五經纂註史記考畧諸刻無存惜哉

羅朝傑字大千積學篤行母張氏病年甫十歲不茹葷不食鹽淡齋三載以保母壽父病衣不解帶者閱月時妻子隨外家避亂未嘗過而問焉及永感後嘗有詩云父馨無粟非人矣君即有粟如母何其座右銘云言行擬之古人則德業日進功名付之天命則妄想自消報應念及子孫則作事自不刻薄受享慮及疾病則居心自能清淡是其立身行已概可知矣惜年三十餘以秀才終于本固鄉

才俱已補邑諸生思貽父母令名焉

枅逢新字元令少穎異博通經史以文章名與弟逢年亦少年大才同列諸生友愛篤至時有枅大被之稱數科不第遂絕意舉縈艱於嗣値逢年早折撫其姪茀讀書婚娶不啻已出年至六十連生四子而愛姪之心終初不閒今日贊曰藻補府庠曰藹曰楚俱以冠軍入泮且値方慷慨不屑柔媚因循邑侯藺舉鄉賓贈爲値筆諫公宜哉著有沼墨齋詩未刊

耆逸列傳

曾三壽曰敦善行而不怠謂之君子自上以下册地不同各循其分之得爲與力之能爲而已人之材尺有所長寸有所短使諸君子摛藻掞華傳一身之榮名則不足而行仁慕義敦百年之風俗則有餘其古獨行君子與傳耆逸

朱信德洪武間以老人奏事吏弊民隱建白殆盡上嘉納之

夏希賢洪武時亦直言湲於京勅賜璽書奬歎云

易世鳳嘉靖三十九年荆州大饑輸穀二千石入府賑濟又輸一千石入縣是年秋出銀二百兩修儒學有司請於朝給七品散官冠帶榮身見郡志

呂時中嘉靖間採木輸貲工部授官帶

潘欽敦樸孝謹常推産以分庶弟嘉靖戊子己丑歲大旱宛許襄鄧之民襁負貿食者踵相接至則先飼以薄粥戒令緩食慮其驟飽致傷也次早具飯裹糧遣之有豆客兌價多數金扣除封訖次年其人來舉以相還推誠類如此華薄從忠三古淳穆

庶幾旦暮遇焉

夏之樂鄉賢公茂之第三子隨任延津與李冢宰戴劉侍御致中砥筆論文驩愛逾昆季公長子延世早顛李亦鄭於嗣書札往來綣切有加李總督兩淮邀往一顧有持千金請居間者婉謝之曰吾福薄不敢當李欲爲請冠帶亦噤不能出諸口迨李柄銓公生子自京邸專使致賀及公没操文致奠知己必期金石永矢己子封世孤幼克自成立孫起載弱冠登第義僕夏徐服勤致死人以爲盛德

所感云

趙廷宗字潤夫給事緯之兄也爲人修潔博學尤長於史論往古興衰如在目前善事親緯仕而無內顧憂者以有廷宗也孝友可風矣

楊珠慷慨負氣節有膂力善騎射祚符李公平盜楊勝爵等多其策力事平屏居村落口不言勞雖不敢擬於布衣之俠亦足爲急公慕義者勸已

吳三讓敦誠秉正較然不欺閭黨推重舉鄉飲登八袠循循率子弟惟謹教家者足法矣

曾守愚字蒙溪先世南昌人正德時寧濠謀逆括富室金徙避之遂世籍焉公性溫醇尚大義輕財好施一出於誠一日遊郡白雲橋風雪中見一人繫頸以索數卒隨其後詢之曰有杖贖將何之曰往鬻女公曰勿去吾貸汝金遂傾橐投予繫者曰送女何處公笑曰第去勿問問其姓字居址亦不答亦不問其人之姓字數卒曰何以給我公曰汝以吾鬻其女耶眾皆驚歎繫者泣拜而別友有揭姓者嘗負俠氣一日爲人所訟郡守將笞之其人觸

地而殮公憫其誣爲治棺衾歛之其好義類如此

平居植花種竹爲園林於附郭蕭然物外年七十

三而卒子七人皆諸生高第孫舉鄉貢明經者四

人文壽鵬壽三壽九壽

朱致統字遶泉祖發源歷豊城統徙居監邑性醇慤

行義方少受槩於豫章李中丞見羅先生修身大

社萬曆甲戌李邑侯建城缺譙會邑歲祲統齎金

二百以譙獨成矣命工匠勒朱丁姓氏於磚石譙

堵現存旋曰禮義貽謀己未潞祖令緊歲荒民匱

輸金百餘上得應解下得緩徵且賑饑濟乏全孤掩骼恩聲載道郎治臺李中丞聞之檄道府錫冠裳舉鄉賓扁曰樂善敦倫事載宗譜鄉先生姜本奇方序文刻內其子五俱以國學仕孫多而賢廩庠穆秀爲平和尹均沐養士之澤蓋耆德之貽也

龔應榜字次溪德性仁厚平生無疾言遽色閭黨共稱長者邑有大興作及賑貸諸務公必捐厚貲以助有司屢旌獎列鄉賓者數次明季兵亂且旱荒人嗷嗷不得食公避石村里有菽麥數百石盡出

以周之不責其償全活甚衆以子榮遇貴先追贈文林郎後加贈中議大夫刑部江南司員外兩遇覃恩人以爲盛德之報云子四人長鼎遇次孚遇諸生高等次榮遇進士官至副使次晉遇食餼有才名孫數十人皆文行著稱啟賢知縣候選餘俱補弟子員或食餼

易維銓世鳳之孫質性淵淳氣宇闊濶輕財重交尚義好施每歲饑輸粟穀至百石助邑大夫賑濟屢蒙各憲旌褒爲鄉邑所推重以次子言翼官爵初

誥封承德郎長子言鼎任當陽教諭孫其極援例授

縣正世澤綿長後此　覃恩所及正未有涯也

朱順翰乃邑社朱信德之九世孫也性至孝友端方剛直重然諾而樂施予慷慨義士也次子生員朱祖如積學愛鼎敦信重義尤喜施予樂行利益人事詳諸條例中是可謂善繼父志者順翰族叔鄉

大賓朱公鸞之僕名可典割股救主　邑侯唐公

勳以奇孝可風旌其門

余倖明孝廉余繡十二世孫也居家孝友持身端方

慷慨好義雅事恬退而邑中利害未嘗不謹其懷崇禎甲戌江堤告潰俸捐金五十兩命其子應魁助修今唐公堤是也至今相傳云

王家慶字預明幼事父毋即孝聞閭里兄弟三人家慶獨稍饒裕而資用之間不以自私順治十年春穀價每石二兩零自捐數十金糴穀以濟兄弟之窘者路遇羣盜家慶遂避入深林盜有私見者踪跡之縛其手足束其頸取金而去家慶恍惚見一黑臉人手執鞭以指之曰爾孝友善人也特來救

爾爾臨終有四子壽七十言訖頸束兩斷如剪家
度避時其人不見子若壽後皆驗焉
伍世言字名楚負性醇謹孝友著聞和以處衆嚴以
課子族子弟孤貧者代爲婚娶之鄉黨兇亡無告
者輒出棺以殮坎地以瘞責不計償有一售妻者
詰其家口授穀食以保全之甲申乙酉大饑出所
藏穀粟存活甚衆年八十二而卒至今鄉里父老
追道行誼罔不泣下焉
傅萬鎰字京楚性好善見人貧輒周之甲申大祲出

所藏爲粥以食饑者存活甚衆三黨之貧者待以
舉火其子巖邑庠聚書幾克棟詩文自娛率子弟
維謹有父風鄉黨稱善人云

朱介卿素行梗概不苟然諾崇禎壬午年冬賊兵破
荆下縣荼毒縣境有無賴數人離城六十里倡爲
亂首烏合甚衆自稱六大王公然刦掠幾不可撲滅
介卿糾集大小各團衆正保境獲頭目一二人與
棄之刦掠之物盡付一炬自此地方安靜邪不勝
正雖空室出逃華面易心亦無有敢於竊盜者砥

桂亂流比之孑孑爲義此其皎皎者焉

姜遷平民耳父早喪遭家不造傭力於人者數年百壯克自振奮勤事生業不十餘年遂起家至數百金其弟逵與遷同居遷撫教成人爲之婚娶又於居室左卜地一區起蓋房屋其高卑廣狹甃砌粉飾一惟已之居宅是式焉及徙居之日兄弟不忍遽離相泣於中庭者久之於戲視甘別籍異財者遠矣

節烈列傳

詩紀琴和史褒案舉矢只匪他氷操荼茹亦越代終和熊斷杼惴惴隕淵其後也處瞻茲逑匹猗同肱膂永肩一心弘濟艱鉅舊志

程之洛曰人物之選才德其槪也獨至婦人雖才不錄然則論婦人較難於論丈夫矣吾監周南化行地是以婦人多潔而少穢其宗族鄉黨所共營者則孝子孝婦貞婦烈夫尤走中之麒麟飛中之鳳凰也程品不一而適道則同雖旌表未盡而

事皆可稽亦猶之乎志人物者必其不可不志者也彼豈常讀書工揣摩者哉天性然也可傳矣

朱氏夏瑀妻夫亡時氏年二十八父信德憐其少氏以死自誓年五十餘知縣李公欲上其事氏聞向二弟泣曰夫死不嫁婦人之常何苦欲求知於人耶若欲爲吾有死耳卒不敢强娶居五十二年卒

龍氏司訓劉魁妻割股痊魁年九十一卒于祥先後廬墓以孝旌曾孫東鄉簿婦孫氏年未三十守節訓孤成家享年七十卒

劉氏羅昂妻夫亡時年二十三無子姑欲嫁之剪髮
自矢至死不渝

羅氏孝廉潘鉞妻鉞卒縈南雍歸沒於水羅號慟欲
絕念所遺一子三女孤煢忍死稱未亡人課子爲
山列庠序有才名季女適萬早寡亦撫姪萬世觀
成立終始不渝稱雙節云

王氏張芳妻無子撫故伯子矢死不嫁

羅氏朱永廸妻年十九守節以死自矢始終無異

望氏湯廣明妻以節聞

唐氏生員周嘉應妻年二十孀居課遺腹子周熙鏞著才名中天啟丁卯鄉試通判毛文治知縣陸昌祚唐勳皆旌其門年七十餘卒

劉氏廣安州守劉公彥孫女生員潘有穀妻明末癸未賊踞城有穀被擄氏號泣從之噴血罵賊與穀俱遇害穀弟生員潘有夔觸墻痛哭并被殺御史劉公熙祚駐岳發兵援城事聞謂其義不從賊闔門受禍繕疏題旌

葢姑生員胡公恪之女癸未十二月賊掠民婦女禁

錮馬房姑年十三烈不受辱憤詈不絕口賊僞官憫之遂殺以全其貞毋王氏見賊至先投水死

王氏生員裴旂徵妻乙酉三月大兵驅賊東下過邑境旂徵被賊擄氏方抱乳孩在湖干賊奄至繫驅以行不屈毋子竝死土人潛夜瘞其尸旂徵脫歸以禮改葬焉

恭人熊氏明經劉公如海繼室也事祖姑杜恭人姑夏宜人以色養聞前室子在朝方九歲善病鞠之過於所生恒自課書逮曙年二十九而寡時內侮

外患交至恭人勤儉力持門戶家道益光其言動皆循禮法奉木主一室姻族罕見其面後在朝秉節漁陽有詩云教惜一身休泮鯉愛均三子不衣蘆其慈孝友恭可見矣教在朝成進士歷憲臬教所生子在京餼邑庠以學行著年五十猶日長跽進食起而舞蹈以娛毋在公例貢中書舍人在京子懋夔舉於鄉恭人年七十三卒僅在公存恭人方病在公衣不解帶者四十日屢日不飲食毋強一啖已乃一啖毋亡遂憫憫然慕泣而疚及恭人

建　邑侯何公協和誄之云以攝爲慈婦職乃成以壽爲節天道乃亨人咸謂不誣云

鄭氏副榜曾選之妻也初艱於嗣復娶於鄧生子文壽甫二歲而孤鄭氏慟夫早逝將以死殉勺水不入口者三餘日鄧氏抱子而泣曰如此藐孤兒何鄭復悟遂漸甦撫子如已出其勤儉敬謹雖選在不是過也未幾鄭病危語於鄧曰子之不即從先君子於地下者爲此子耳今子將不起子其善教吾子也言畢而終復值世亂鄧氏攜子鄉居令出

戚外傳與諸名士遊至一切防患禦侮誠有智丈夫風焉至其子文壽中副車遨遊京師久未歸鄧復以書致之曰汝父以副榜爲憾汝以副榜爲安乎當速歸再肄業後果歸中癸卯鄉薦孫允彝亦蜚聲黌序皆鄧氏之教也嗟乎不有鄭也無以輔鄧氏之遺不有鄧也無以終鄭氏之志時人謂之一門雙節有以矣

夏氏生員王勳妻孝廉夏茂女也年十六歸王氏閱二年夫殁舅姑憫其太少委曲勸令他適輙欲一

疕以自見嘗失聲大慟姑慰之曰汝哭汝夫爲不食之鬼乎爲汝立後奉祀何如遂收淚謝曰審如是雖疕無憾立勳弟烈之子王國寶爲後國寶中隆慶庚午鄉試未仕早卒娶江氏年僅三十亦無子遺族惡利其家私百計謀害氏苦節自矢立嗣王多祐輔養如已出閨門之內凛若氷霜祐卒有妾王氏年三十僅生一女時値亂離艱難困苦其嫡朱氏以其無子勸令他適氏以疕自矢享年七十餘而終嗚呼三丗相繼節烈集於一門古之栢

舟豈專美於前哉求之斯世鮮其麗矣夏氏女嫁李實王氏女嫁劉懋夏皆成進士非天之所以厚貞節歟

徐氏王之翰妻翰公福之子氏棟之女也翰死徐年二十有奇且無嗣氷玉之操誓死不渝父毋舅姑皆不能奪其志也

吳氏封君劉仕朝側室也年二十七仕朝卒悲泣三年幾死者數氏僅生一子在襁褓願甘貧苦矢志撫子中丁亂離艱辛備嘗守節五十餘年壽八十

餘見嫡子懋夏岂戌子懋承補府庠
周氏王鶴子妻也年二十九而寡一子僅四歲遭家
難氏多方忍耐遷居避之值壬午兵起流離困苦
霜節益厲及平定勤儉紡績課子讀書補邑庠生
年七十餘邑侯李公聞而旌之
劉氏夏九錫之妻也夫亡氏年二十子甫七歲時丁
亂離孀節自守紡績自給教子廷望列黌序孫士
英入太學無忝家聲年八十　邑侯李公旌其門
日栢舟流馨人以爲無媿云

張氏田家女夫亡力作養姑割股療疾邑侯侯公旌之

夏氏鄉賢茂之孫女邑庠生王參台之妻也夫亡氏年十九子伯舉甫一歲立志輔子養姑以至孝聞邑紳劉公廣乘屢欲請旌以風世氏聞而止之享年七十而卒

吳氏年十六歸李曉陽即以孝行順德騰聲族黨間曉陽卒氏年二十一歲方有娠越三月而誕先弼氏拮据家政殷勤訓育者三十五年時族黨均欲

以節聞氏曰守寡撫子婦人之常求旌何爲子孫
輩但能世德相承不負存歿二人則榮矣以故家
教齊一稱爲善慶之門光鄕特立獨行有古君子
之風邑侯韓公廉其行實敦請賓筵邑人士無不
快服者今及孫魯濟楚藝苑中錫無疆矣
孫氏年十五歸胡供姑李氏早寡未幾而供亡氏年
二十有二生子政纔三歲忠纔一歲姑媳孀居歷
萬曆戊子己丑饑饉頻仍姑曰水旱不齊家道貧
寒两孤可離襁褓我其撫字之汝年少何苦節爲

氏垂泣曰夫死守節有何貧寒寧死靡他遂與姑同節守甘荼苦其氷操至蓋棺四十餘祀始終如一日當時宗黨間咸稱一門二節焉

戴氏幼適廩生劉昌琦琦二十一歲不禄氏與同齒生子寶僅一歲氷節自守訓寶成名享年六十七而卒今孫存惕由貲序入太學銓試貳州

吳氏適儒士高秉謙年少能文崇禎時以試售忽易積憤成疾而卒氏年方十九歲生子恢祚甫三月堅志撫子成夫之志遂長素奉佛禮懺於家之經

堂家人不相見者越五年忽一日接父母曰吾子
今九歲矣可出就外傅在父與公付託得人耳吾
今數廹將不待觀成矣囑訖三日而逝子㤭祚善
詩文年十九登賢書惜未服官而卒有孫六人長
琦已泮遊若吳毋者眞皎潔若氷霜者也

曾氏夏起鸞妻名閬閨秀也克勤內助事尊嫜最孝
年二十五稱未亡人子生員錫榦尚在襁褓間家
世城居值明末賊氛日熾親族四散氏經營塟姑
挈孤兒轉徙北鄉艱難險阻变困之極胞兄見勢

處萬難強勸曰亂亟矣人人莫保恐不能全毋予於亂世將若何氏毅然曰死生有命邪正由人敗節全身又何貴有此身於世世間終莫強時際平定復歸城業課子立品成名而氏乃以壽終邑薦紳人士公奠之辭曰全孤於流離之際完節於昇平之朝行將採風入史上映婺媊之曜誠公輿論矣

吳氏邑庠生楊舉妻崇禎初年舉亡氏年二十五歲二子顯勳顯璡俱在襁褓氏矢貞撫子內外井井有挺特丈夫志操刻舉木像奉祀中樓間寒暑巾

服晨昏飲饌必及時更進不少懈歲時伏臘生忌薦新禮如之像感於誠家有憂喜事類皆預以忻戚告示無纖毫爽氏年愈高勳璡俱泮遊率子婦孫衆敬事之誠不以久懈數十年中宛如新喪然岳憲使李公鍾秀聞其行實表之額曰節完名立康熙五年壽終時六十一歲所謂貞德格幽有美代終者也可以垂芳矣

程氏名叔貞年十四適聶裕天卒氏年方十六即以死殉姑慰止之曰兒之屬望於九泉者賴此孕耳

備産男則宗祧之幸即女亦兒之餘緒且娛余兩人老奈何輕二命爲耶越五月産男因名遺自是氏轉烈爲貞不復矢死公司馬臨安解綬歸與氏兄弟商再適之議氏聞之曰是余死期矣余所以不死者思撫育嬰孩代夫子以孝事舅姑何苦乃爾奪追之死乎其議遂寢朝夕惟殷勤襁褓異男成立姑彝善病氏周旋左右飲食湯藥必親嘗後進齋戒長年以祈姑壽姑卒氏哀毀過節亦隨殞時康熙十九年氏年三十有四合葬於夫之墓節

以全孝見於妙齡尤世所難天之厚報其在藐孤乎遺名弘超已能文

劉氏朱長至妻年十八夫客死子纔七月氏誓死育之終身不衣帛年七十餘卒

劉氏生員潘有江妻也年十四而嫁有江爲資尹世標少子亂離時無方奉養人無間言氏年二十九有江卒四女無子氏成禮塟之艱難萬狀饑寒楪作興臧獲均勞苦家稍裕撫姪爲嗣教育婚嫁且兼父道又好善樂施斯不獨靡他可謂善述者矣

羅氏裴鶴陽之妻年二十七而寡子僅五歲矢志養姑雖兵荒洊至茹荼飲氷百折不廻享年七十餘鄉里咸稱爲苦節云

聶氏夏九河妻進士諱士貞者從女兄生員期望之毋生員士朝仁士廷義之祖毋也九河早逝遺三子年幼其婦二十四歲苦節自守李賊兵燹流離避居湖野 國初差務繁重教子不怠居家嚴肅持躬端莊鄉里咸景仰焉目見三代持齋數十年壽九十邑侯陞內閣中書李聞之以氷節凌霄旌其門

劉氏爲余懋敬妻生男余應泰甫兩歲而懋敬歿時氏年方二十三歲其姑王氏抱病連年氏奉侍湯藥始終不怠有逾于道及姑卒兵亂歲凶氏則堇姑以禮撫其子應泰延名師以爲之傳非賢士不令與友旣而教育成名得列縣庠壽八十五歲卒

唐氏爲夏東山妻明季癸未賊兵來縣婦急呼家人曰兵入城子擄身辱何顏爲人汝等各偷生我自爲計手携一子抱一子溺死於學東李家池家人從而死者六人六日之後義者摠埋諸屍惟唐氏

孫髮未亂儼然如生亦足見節義之靈

瞿氏係朱暉之妻暉年十六得列縣庠不幸早亡其氏止十八歲生子穆瓚五月氏抱其子撫靈而誓泣天自矢永守撫育拮据三十餘年致子成立克紹父志姪平和令穆秀旌其門曰貞續其妻穆紹旌其門曰操凛寒玉壽五十三歲卒

段氏爲廩生左文忠妻生男左國語甫九歲而文忠早亡氏年方二十八歲矢志守節堅貞不易撫其子耕讀爲縈克紹父志課其孫左鐸身列黌宮爲

德行文章之士母之積累有以致之也壽六十九
卒
王氏爲朱挀然妻生男朱化穆甫四月而挀然殁王
氏方二十五歲矢志守節操作艱苦備嘗泣對翁
姑誓死不易外則治農以耕桑爲務内則訓子以
詩書爲業撫其化穆親正人聞正道得列黌宫雖
學成者在子課率者實在母其氏終於明季甲戌
年得壽七十七卒
余氏延受里陳文浦妻也生一子方二歲時年三十

六於乙酉年三月八賊敗走岳州殺擄已極氏因姑王氏病與夫同守姑文浦見賊近謂氏曰汝可抱兒急走恐遇害氏泣曰置姑何地萬不能免當與姑同死不移時賊至擄文浦殺其姑强之行不從將兒撲死地下罵不絕口賊忿怒斷其兩臂而死節烈兼全者歟

李氏生員羅朝傑之妻也年三十寡長兒本固方六歲次兒鄴才方四歲庚寅辛卯田荒賦逋壬辰大旱癸巳大水斗米千錢氏茹荼食藿攀襪履以易

粟績紡枲綿雖無蘭膏月以爲燈嘗歎曰以吾今日之清苦無庸和熊爲也逮兩子遊泮畢婚後其清苦者三十年如一日捐館時惟訓其子讀書積善爲大然則氏之栢舟矢以種德爲奇矣

羅氏劉光所之妻年二十光所故遺腹生子劉國柱氏氷蘗茹苦織絍輸賦撫孤長大婚娶未及二載國柱又亡遺幼孫峻方在襁褓氏益艱多方以保一綫繼値兵燹負孫播逃備歷困苦致孫成立重孫大震得列黌序目及四代諸孫綿綿壽八十卒

方氏徐養忠妻年二十二歲高堂云亡繼以夫喪撫養四子成立卜塋三柩如禮孀居數十餘年歷亂世凶年無教娶缺陷之失此節操之素著者也子孫食厚報列國學者二鄉學者一族衆旣具實舉節令本年十月以壽終可志矣

丁氏謝斯蒸之妻也年二十斯蒸遊泮卒子應早方數齡耳丁氏泣言曰吾夫讀書攻苦其志未遂使吾得守節教子以成先志吾夫雖死猶生也於是歷險阻困苦終無怨言教子嚴肅族黨皆稱其賢

屢欲上聞旌其節丁氏力止之曰守節教子此未亡人常事耳豈可以此沽名也議遂寢孀居五十餘年始終如一日後應早領批食餼應試

大廷人以爲丁氏有嚴父風焉

節烈傳終

監利縣志

僑寓列傳

梁震蜀人唐末登第歸過江陵爲荆州節度使高季興所留震恥之欲去恐及禍乃曰震素不慕榮宦明公不以爲愚必欲使參謀議但以白衣侍樽俎可也終身止稱前進士不受署季興每呼曰前輩子從誨嗣爲渤海王亦敬重震震曰吾老矣乃爲築室於土洲自稱荆臺隱士從誨時過其家以兄禮事之

劉浩陝西靈臺人正統間以河南道御史謫家緣河

泊所與令長華陰解公歡相得遂家焉子孫舉孝廉明經若而人

潘安江陰人洪永間以詩文寓監利與裴太史何孝廉諸公友善題王孝廉村樂圖時有云羞作麒麟客甘為鹿豕民風操可想云正統初繫籍家焉

魯嘉本吳縣人萬曆時棲遲湘漢一時名流倒屣推重篇翰之妙爭珍傳之尤精研掌故洞達時務蓋留心經濟有託以遊者寓監利且久遂占籍於此

程鉉璉號雲川休寧吉陽鄉人萬曆中年客遊三盤

棋選著籍焉性淳謹謙遜輕財好義助餉還遺賑
貧恤急修儒學廟閣隄塋橋路寺觀佛像歲無虛
月一本之親在休在監者靡不恩施周到念及嚴
慈郎哀號慟哭尤隆禮賢士大夫極其欵洽延道
學純儒教丈夫子五期不失望崇禎十年邑侯唐
公勳敦請同鄉大賓朱公鸞預鄉飲酒禮勘語云
宅心平恕禔躬醇謹捐多金以助餉利輕若屣守
一讓以明謙義重如山教子不惜春朝秋暮歷年
何殊栢翠松蒼蓋實錄大槪也彜奉獎例朝榮冠

帶見舊學志易贊遠近哭弔者近千瘞於臨湘松陽湖山鄉先生劉公在朝志銘其墓子文光儒士鵬飛之洒之淇諸庠生之洛丙午亞魁衢州學授積善餘慶鄉邑閒稱道不置焉

朱若萊字來碩黃之麻城人明末寇熾辟地縣北遂家焉弱冠即爲諸生祭酒凡百家言無不精貫博洽尤善左氏春秋一時從遊率皆名下士執經問業者無虛日公亦孜孜不倦以聾瞶爲己任至其剛方義俠未易枚舉如邑有大姓馬氏者慕公義

高延置家塾適遭流氛之後土寇蟻據縱恣無忌馬遂爲讐家所戕當此之時畧一開口便罹奇禍公獨不避艱險不懾豪勢匍匐遍白諸大吏處生以之卒寘讐於法嗚呼馬之孤殲矣讐之勢張矣公何所利哉以此益知公之不可及也

監利縣志

僊釋列傳

程之洛曰日胡爲而晝月胡爲而夜風胡爲而噓雲胡爲而散雷胡爲而轟雨胡爲而潤佀若皆異而經見則共以爲常使人或多佛人或多僊人或多袁李盧扁則亦常耳惟其不多是以不常則閒出焉亦足爲地重矣以余觀舊志所傳吾監何寥寥數人已也天乎人乎諒有可自喻者今無塵禪師曾葵局之外則難其繼矣

曾三壽曰監無深巖幽谷可以辟世而習靜故學

道之士芒鞵節杖必棲息焉然禪錫僊蹤偶爾寄托則雖古今造物石火電光而靈異特著者自見稱於後人志僊釋

智顗即智者大師姓陳母徐氏始娠夢香煙五色縈繞於懷誕生之夕光燭鄰里幼有奇相目重瞳膺不受垢聞法華經一誦輒默記七卷至藥王品曰是真精進是名真法供養如來於是獲法華三昧一日謂母曰兒夢臨海峰絕頂有僧招我去入果願寺謁大蘇慧思禪師尋隱天臺之佛隴峰定光

禪師隱處也顗見定光即向所夢招已者夜聞鐘聲益多妙悟光謂曰此地吾居之北峰汝宜開山陳宣帝聞之割始豐租費建禪寺隋煬帝賜號總持開皇十七年十月至剡石城寺百尺石像前謂侍者曰觀音來作觀心偈唱諸法門綱要弟子迎歸佛隴岩

王相幼讀書一目十行補庠弟子美丰姿目方瞳夜不燈而視字坐城南小園月夜有黃冠者來扣戶與之譚黃白後則當晝頻來矣相侍毋極孝又不

欲以牲殺供甘旨黃冠授以弓小如鉤以筯爲矢
命射小雀發輙中往來三年黃冠辭曰吾去待三
十年爲汝壽比相五十稱觴晝觀及中夜忽憶前
約廹起詣園則黃冠巳預待戶內相拜謝巳即張
筵黃冠揖壁門隙曰汝輩從此中入歌舞爲王君
壽則有男子美女六七八其音奏王亦不解樂畢
以土書詩棹上前二句不可曉中云當年猶有維
摩筆今日却無鍾子音閒敲幾句乾坤老朗誦一
聲天地驚振衣而去時三月也約以中秋蟬鳴爲

俟至期蟬自空中來相聞音解脫歛之日手足柔
動如生得僊度云

無塵禪師四川人居邑之凌雲宮苦行修持爲靜室
於刹旁閉關不出人求見則開竇立譚如是者十
餘年一日啟門設茶菓召相識者曰吾以某日去
與諸君別至期持木魚升座朗誦心經問其弟子
日日何時曰向午曰去去遂瞑目而逝

監利縣志

三

方伎列傳

曾三壽曰醫卜纖瑣固謂藝成而下然而呻吟欲

絕一七春回忽恍無憑片語指南所云中流之壺

千金堪償者也志方伎

黎福榮分鹽人善風角洪武初召以事命之卜屢驗

上曰汝可方袁天綱矣遂賜名天綱授官須勑文

寵異之復官其子楚章爲鴻臚寺序班後擢雲南

長官司長官

鄧權善風角嘗戍武昌隨楚王入朝時文皇在燕亦

來朝同宿邸第以物命之卜果驗大書明鑑二字

賜之

艾弘善鍼灸胗脈知人生死歲月多所全活不責其報有古韓康風用薦入爲太醫院官督學使病召弘往視望見輒曰公之金木俱病豈飲後嘗露坐耶督學使起謝一藥而愈

曾葵局精醫術一日擁爐著方書焚其衣至半幅不覺也治病極多奇驗所著有痰火點雪書行世後人竊昌以他名又有濕暑新譚及傷寒諸症書一

葛天爵詠諧曠達少治醫術見同列無愈已者遂徧訪湖山與一道士相與於江上與之語輙解道士曰是可教也登舟與語數日遂精脉理一經胗視能决生死於一二年前用藥每多奇中

萬掑能詩神明於醫術治病必循經絡或奇病一七良已著醫學大成傷寒指南若干卷惜多散亡病源一書尤前此所未有然性頗矜亶懶胥接有召者輙以病辭而饋以方焉為人講素問正圖經之舛足繼薛李矣

監利縣志

舊志論曰。道以用世爲大論人者不觀其功之所樹澤之所被斤斤抱咫尺義於世奚賴焉要以日用在躬容先必照觀其一節全體可知夫是遷乎地而能艮隨所措而咸宜也若彼世外高蹈膝前摯愛編摩麗澤丘園履坦孤特行一意各有其誠然者非苟而已名譽雖高位望雖隆總之不離立本者近是

程藻辨曰地之所重於人物者以其歷千古而如新當斯世而其仰者也雖間氣所鍾亦培之者日

厚故發之也不窮是以學古之家繩之以禮法陶之以性情家庭服習井里風規以如是則安不如是則不安故出而清廟明堂則辭嚴義正若華門甕牖則折矩周規矧出處之道各有其時常變之遭適然獨異非有教忠教孝之文蓋詩書之氣篤而化用不拘義禮之分精而神明日盛若離裏之愛從一之貞倫常大本且出之於性而合之於天非有待於勉强有資於學問固未可與人定勝天同日語也噫人物之表著於古今蓋與日月同昭

亦未始不可數數積也於吾監其有厚幸焉

人物志終

監利縣志卷之十 藝文下

左傳

芋尹無宇對楚子　申無宇論城陳蔡不羮　伍舉論章華　聲子請復椒舉　伍員諫平越

楚辭

周屈平離騷經　九謌十一首東皇太一　雲中君　湘君　湘夫人　大司命　少司命　東君　河伯　山鬼　國殤　禮魂　天問一章　九章九首惜誦　涉江　哀郢　抽思　懷沙　思美人　惜往日　橘頌　悲回風　遠遊　卜居　漁父　宋玉九辨九首　招魂　景

差大招　宋玉風賦　王守仁吊屈平賦

史記

司馬遷伍子胥贊

宋文

蘇軾伍子胥論　王安石胥山伍子胥廟銘

凡載古文者録其名與目而文不綴倣府志也後獨載胡伯始一箴二銘者所以表其性情之正爲箝入所詆議未若卓老稺恭之能得其心也文不概見故挼記之

後漢

侍中箴　　胡廣

皇矣聖上神君天處勤求俊乂是弼是輔匪懈於位厥亞戝序爰在周文創德西鄰勗聞上帝賴茲四臣辛尹是訪八虞是詢濟濟多士文用有勳文公欽若越與周道亦惟先正克慎左右常伯常任實爲政首降及厲王不祗不恪暱彼宗夷用肆其虐惟敗天命遂戕竝作圮墜宗緒寢廟靡託鄧通擅鑄不終厥後中書竊命石恭作禍高安斷袂哀用忘主侍中司中

敢告執矩

印衣銘　　前人

明明上皇旌以命服紆朱懷金爲光爲飾邁種其澤
撫寧四國宣慈惠和柔嘉維則克常厥心膺茲多福
登位歷壽子孫千億

笥銘　　前人

休矣斯笥凡器爲式受机若子承此印紱帝命所賚
用褒令德備以自修所以自勑忠肅恭懿鮮不爲則
靡悔靡吝神人致福

歷朝詩

江行八首　錢起

楚岍雲空合楚城人不來祇今誰善舞莫恨廢章臺
一行背青山郭吟當白露秋風流無屈宋空詠古荊
州二幸路沿江狹沙崩岍不平盡知行處險誰肯載
時輕三憔悴異靈均非讒作逐臣如逢漁夫問未是
獨醒人四月下江流靜村荒人語稀鷺鷥雖有伴仍
其影雙飛五岸草連荒色村聲樂稔年晚晴貪穫稻
閒却采蓮船六渚禽菱芡足不向稻粱爭靜宿深灣

月應無失侶聲七景夕殘霞落秋塞細雨晴短纓何用濯舟在月中行八

漢上　　馬戴

蕩漾空沙際虛明入遠天秋光照不極鳥色去無邊勢引長雲闊波凝片雪連汀洲杳難到萬古覆蒼煙

舊縣　　戎昱

故國遺墟在登臨想舊遊一朝人事變千載水空流夢渚鴻聲晚荆門樹色秋片雲凝不散遥想望鄉愁

章華臺楚宫行　　張籍　壬戌選補

章華宫中九月時桂花未落紅橋垂江頭騎火照輦道君王夜從雲夢歸霓旌鳳蓋到雙闕臺上重重歌吹發千門萬戶開相當燭龍左右列成行下輦更衣入洞房滿前侍女盡焚香玉堦羅幕微有霜齊言此夕樂未央玉酒湛湛盈華觴絲竹次第鳴中堂巴姬起舞向君王回身垂手結明璫願君千年萬年壽朝出射麋夜飲酒

章華臺　胡曾

茫茫衰草没章華因笑靈王昔好奢塵土未乾簫管

絕可憐身入野人家

黃歇堤弔古　前人　壬戌選補

烈士思酬國士恩春申誰與弔幽魂三千賓客總珠
履欲使何人殺李園

章臺懷古　前人　壬戌選補

楚王意氣吞九有俛睞荆衡若培塿增城九重無足
多手揩星躔開戶牖脅矦奉觴翟使笑舉頭常見雲
夢燒峨眉燕趙醉當房嫣面巴庸泣違徹翠被那知
雨雪蹇詰兕問田胡多端剥圭未了當璧入囊者冉

艧何曾乾、嗚呼、傾宮既圯、迷樓矗、華清仍是阿房漁、
秦人築怨楚愁築、漫向姑蘇問麋鹿、

章華臺　　李群玉

楚子故宮地、蒼然雲深秋、我來覽後事、薄景空生愁、
霸業沒荊棘、雄圖成古丘、沉吟問鬨語、但見東波流、
鴻征引鄉心、一去何悠悠、晴湖碧雲晚、暝色空高樓、
迢遞超遠嶠、微茫入孤舟、空路不堪望、西風自波稠、

章華臺　　韋莊

清瑟怨遙夜繞絃風雨哀孤燈聞楚角殘月下章臺

芳草已云暮故人殊未來鄉書不可寄秋雁又南回

荆臺　梁　震 壬戌選補

桑田一變賦歸來爵祿焉能浼我哉黄犢依然花竹外清風萬古凛荆臺

荆臺觀　羅　隱

道院迎仙客書堂隱相儒庭栽棲鳳竹池養化龍魚

過玉沙三閭廟　戴叔倫 壬戌選補

沅湘流不盡屈子怨何深日暮秋風起蕭蕭楓樹林

三閭廟　崔　塗 壬戌選補

讒勝禍難防，沉魂信可傷。本圖安楚國，不是怨懷王。

廟古碑無字，洲晴蕙有香。獨醒人尚少，誰與奠椒漿。

宋詩

江行贈雁　　歐陽修

雲間征雁水間棲，矰繳方多羽翼微。歲晚江湖同是客，莫辭伴我更南飛。

戲是妙他棲而莫飛也

雞鳴渡　　王十朋

曉起雞未鳴，曉宿雞鳴渡。雞鳴又還起，扁舟觸煙霧。不作田文奔，不效劉琨舞。孜孜慕舜徒，去去官夔府。

王家市　前人

舟行湖北路千里、家在浙東天一涯、宿處問名同住處、梅花不見見蘆花、

紫微寺　前人

高椰何人舍、孤燈此夜舟、遲從白帝去、少爲紫微留、

福田寺　前人

巍闕回頭遠、夔門去路長、萬年天子壽、一瓣福田香

元詩

獅山　孔思明

獅子山頭玉井寒軒皇曾此煉金丹一泓聖澤春溶碧不似洿池水易乾

魯洑口　　前人

吳蜀紛爭事已休長河依舊碧波流因尋子敬行營處蘆荻蕭蕭月滿洲

鐵牛廟　　前人

破幽觸怪護江堤頭角崢嶸近水扉神物不存靈跡散古潭烟浪冷凄凄

陶朱冢　　孔自來　壬戌選補

富者倘不死陶朱應尚存胡爲夏水湄莫辨當年魂
鴟夷五湖客運財如運兵聚散順所然寧爲錙銖攖
君看會稽事郎以見經營

薩德彌實宅　程鉅夫

江南御史彈琴處插竹爲攊竹自成不見稚叢緣節
上渾疑鄰笛過墻生淸陰已比甘棠愛直氣先占衣
繡榮迴首荊臺舊亭下高枝應有鳳凰鳴

明詩

白螺山　孫存 荊州太守

嘉魚東轉蘆溪阿南望山形似白螺頗有草茅三百堵半開湖地半漁蓑去年禾黍入魚腹雖有魚賣價不足今年禾稿魚亦稀若過無鹽更無鬻荆南太守雙眉攢薄劣無救民流連歲登且憂三害在況逢二載皆凶年山尖似螺惟有骨民瘠如魚但無肉安得時雨入溪肥漁子有魚農有穀

尾子灣　　前人

三月此灣兩渡過江岸漸見傾頹多岸土壁立當痕露荳田半圯斜婆娑農人初將荳種擲去江餘地猶

十尺而今苗没數畝強若至秋深何止極桑田變遷固其常江湍百年殊未央膏腴不足填巨浸貢賦寧免輸虛倉東消西長吾不計但欲計畝錙租稅吁嗟平地灾猶疑愁殺江坍無左契

白螺山　何彥

螺山兀兀瞰江流涉盡炎途又泛舟野鳥撩人迎去馬老農遮道問歸牛薰風漸長池蓮靜時雨新添隴稻收惠愛豈能沾赤子幾年蹤跡漫淹留

過新冲　裴綸　壬戌選補

籬外寒川映夕暉清幽真與世相違中田牧唱驅牛入遶蒲漁歌罷釣歸石磴雲開山露翠楓林霜重葉含緋交游未否誰尤在此夜能來賞月輝

上新冲　前人　壬戌選補

經年不出遶樊籠陡見江山與莫窮醉裏看雲過塔市吟邊催擢上新冲家家茆屋晴川外個個漁舟夕照中因訪舊時黎太學兒孫流落半成翁

過車鼓湖　前人　壬戌選補

極目平湖漾綠漪清陰四面拂朝暉雲封浦樹人家

遶河繞荒村客櫂稀蒲葦水寒侵布被蒹葭霜重潤
琴衣偶逢小艇溪邊過蒲載漁竿盪槳歸

轂廟　　楊連

江堤亘百里勢若蜿蜒伏巨浸忽奔衝蛟鼉起平陸
夜聞風雨聲霹靂撼林屋居人且出視乃獲雷車木
豈惟資障護猶能免修築於焉崇廟祀歲歲祈嘉穀

土洲　　前人

勝地由來好卜居耻從帥府領除書曾中為有經綸
策鎮日門停長者車

伍子宅　前人

伍子既奔吴楚人猶世祀倒揷香城槐根深蟠厚地
枝幹盤輪囷綠葉常陰翳想當手揷時不言心自誓
終能復父讐伸此平生志墓檟如尚存移來同蔽芾

江口發舟　李純樸

江水正茫茫乘風下武昌魚龍遊樹杪星斗夾舟航
訪古嘆雲夢登高問岳陽不因遷謫至何事遍湖湘

獻珠臺　前人

楚澤夜珠胥照乘至今遺跡在江鄉我亦有珠惟自

獻靈臺一點徹三光

申家臺　　前人

楚靈亡道申宇脩二女遭逢亦可傷何事穆公稱悔過至今黃鳥怨三良

伍子宅　　前人

事既可倒行槐亦可倒揷吁嗟千年枝猶自披金甲

夏日過保和宮　　前人

江城無訟且徐徐忽過琳宮侯使車五斗折腰羞五栁三盃到手笑三閭蒲萷綠野同民樂一點浮雲任

太虛但願佳賓常在坐何妨宦海計全疎

曹容　　前人

翼德釋顏顏可釋雲長釋操操逋誅英雄已往惟陳迹猶有當年遶樹烏

濯纓臺　　崔桐學憲

臨利千山風雨多濯纓臺下漲寒波停舟細問靈均處更有清流是汨羅

白洋　　蕭仕賢

高蘆迷望渺無津井竈千家已陸沉車馬路逢狐托

穴稅糧田在樹成林海桑語誦還經眼雲漢詩吟只
痛心此日荆襄仍亢旱望施涓滴是甘霖

次前韻　韋商臣

野草芳春色漸深潭陰村舍晝沉沉詩書念子承先
澤消息慚予到遠林楊柳依依初着眼蒹葭渺渺獨
傷心憑誰爲作遺民計水有雲隄旱有霖

又　張意

夏來苦旱秋仍潦魚鱉吾民地欲沉雲樹望中連故
國蒹葭湖畔接平林災荒且拙催科政凋瘵須勞撫

宇心聞道中丞頻上疏定知寬詔下爲霖

又　丘九仞

青燈細雨隔襄津孤渚疎林盡宿塵堤畔梅花帶殘雪馬前椰樹動新春休論旱歲囊無粟須信芸簷句有神笑我兩來眞孟浪低頭空聽棹歌人

羅漢寺　朱登春

石壇蓮宇净江郭帶春霞濯濯初晴椰紛紛隱暮鴉香風生蕙草珠露滴松花待爾功成後同泛碧海槎

上清觀　童承叙

雲房窈窕列仙官霧縠霞綃碧玉冠白鶴蒼松緋殿
曉紫簫玉遂繡窗寒坎離湯煮爐中藥龍虎常馴龕
裏冊我亦玉皇香案客青霄萬里一時還

皇功寺　張　意

一飯禪家果兩年荆國情松風延世節梧雨落秋聲
斗酒沽村釀燈花卜早晴寺鐘纔報罷又起理裝行

福田寺　韋商臣

道傍古寺無人到爲愛園林獨少留百尺黃楊含宿
雨數莖白菊待新秋未須借榻參禪語且得烹茶散

客愁却憶故園山寺裏松篁四月至淸幽・

次李邑侯保和宫韻　李桃

干旌出郭自紆徐又向谿頭召鹿車丞叔宦游閒晝舫相如移病賦奄閭弛張舒卷元無定文雅風流語不虛況是琳宮淸勝處棠陰長日正扶疎

游茲庵　劉在朝 壬戌選補

郭門建江壩迤堤隱蘭若桃花兩三株茆屋遙相絡籬疎不蔽椽風雨時侵掠届茲百五節寒葉猶索索榆莢墮霏微黃姑種初瀹借我二三友衝泥渡約畧

春流未漲橋雨意纂冠蘀杏粥雜稀餳煙火傳新檜

白首老儞八一燈熒短幕門外紅雨飛衣褫了不着

吾儕米汁飯遠公意未愜不見寺門椰將覆游人脚

爛慢向江村又作來年約

梁震土洲 甲申避地　　劉在京 壬戌選補

司空避老山中谷梁震遺榮漢上洲予亦白衣蘆荻

囊捕魚酤酒弔新秋

萊城念母詩　　謝璉

城頭日日望白雲。望斷江南日漸曛。漢代多賢皆許

國小人有母獨臨軍懸知對使王陵意敢上陳情李

寄文淚比海潮乾未得薰天蛇豕尚千群 一

八十二春春在天堪傷牛馬滯軍前頻年寄語休相

念此日聞耗應也悲海上神仙標可熟波間橫覓血

還鄉狼星落盡歸明主將母何如望酒泉 二

此先生絕筆也忠孝之性藹惻可思時堅守六月

外援不力卒致捐軀金城痛哉惜矣且昔以單車

赴難子斯茂尚幼左右其間實維紀綱之燦蓋猶

子視之及被賊擁燦以身翼蔽臂受數刃賊黨壯

而釋之得不死繭足負茂入都泣血陳情事乃大白賜贈廕子葬祭死者復生而生者世食殉忠之報燦亦賢且能矣哉嘉其事者贈言盈帙劉廣乘司農謂共其犯賊鋒噴血長安以暴白當日城守之苦刑加之况令聽者如霜淒月墮聞塞外吹蘆聲無不涔涔淚下董玄宰大宗伯謝中丞以死殉國其紀綱燦以生報主一死一生具足千古稱著大抵如此嗟呼觀燦能忍死顯主忠節於天下則先生視死猶生之氣足以動天地而泣鬼神無

疑參

國朝詩壬辰選

初入容城　　藺完瑝

荒疆一帶浦煙迷。雉堞橫雲拂樹低。北顧遙傾萬里歸。東封何事一丸泥。當年市井今重闢。舊日魚鱗復滿溪。幾渡城頭頻悵望。角聲吹徹戍樓西。

雞鳴渡候彭巡憲封舟時大水　　前人

塵土一官債未酬。那堪飛檄催封舟。分巡尚自衡風雨。屬吏何人憚馬牛。鴻雁初歸方待哺。李桃新植正

須櫻波臣胡忍偏爲虐獨我玉沙作横流

福田寺　次王榭溪韻　前人

湘水層波逵先賢遺韻長凴欄無限思敲句撥鑪香

冒雪循堤　前人

茅簷風雪夜塵士馬牛人假寐難成夢獨憐荷蕢民

容城八景

章臺曉霽

新風初度柳含香臺畔雲深樹幾行道是千年雄覇

氣何如市駿說昭王

錦水晴嵐

桃花未漾漁澌流一夜春纖觸筍柔小艇炊烟曉楚竹揭帆衝過綠汀洲

軒井流霞

張樂洞庭歲幾更秖今井著煉丹名熊熊旭旭卿山上長此流風間廣成

瘠台湧月

化丘始玦水潺湲天井龍潭次第瓌野澗林空幽自

賞一輪清絕五雲間

鶴澤觀漁

雲漵秋光動太清菱歌蓮唱不勝情烟蓑撒網來如
織興取槎編佐蒓羹

離湖讀騷

屈子西浮此地經紉蘭餐菊有餘馨香城手挿摩挲
盡湖草依依獨自青

瀕宮翠栢

虬榦嶙峋自澤宮岸然不與衆芳同清鏞寳瑟長相

伴多少菁英蓄此中

南郭古梅

簷花何處費探尋埯堞偃枝獨有心雪點薔香猶沁骨脩然身到小梅岑

章臺曉霽　李岱瓶

新鶯乍轉曙初闢槎得揚黃樸翠來舊國高丘何處是雙柑斗酒坐莓苔

錦水瀠瀾　夏起載

江別為沱夏首西薔紅飛片燕啣泥輕舫一葦乘春

泒古木著藤菴畫溪

卅井流霞　　謝遹

鼎烹玉液到今逢王氣葱蘢破寂寥記得乳泉其似
酒銀罌修綆試雲瓢

璿臺湧月　　龔榮遇

野曠天空廓四維凴高攬勝夜何其娟娟坐映壺冰
裏直把青螺作酒巵

鶴澤觀漁　　吳鯤

蘋蓼花繁一葉飄菱歌聲外集輕舠新炊嫩煑銀絲

鱠淺酌徐吟月見招

離湖讀騷　劉懋奐

水天一色靜無波幾曲澄潭護薛蘿漢殿秦樓今在否騷壇特室與君多

頻宮翠栢　劉懋夏

突兀巋存魯殿餘濤鏞實瑟護圖書侵寒不改千秋色肅穆如將挹遂初

南郭古梅　夏錫金

一株倘自武陵移傲雪凌霜根半欹鐵笛幾番催未

落岸然紫府換冊姿

古梅行有序　　羅朝偉壬戌選補

邑城南有古梅一株相傳爲百餘年物使全體可規定三四尺許而僅存其半者燬於火也肌銷腹朽至不勝指甲則存者又僅半之皮虛薄而類枯籜者幹也剝落而類折戟者梢也自踵至頂畧無完膚亦可憐矣忽於枯梢之側放一大枝勢本倒垂而扭身上出若游龍蜿蜒任意衝突繁香豔蘂照滿城隅其榮發之氣若不自朽株出者何物老

娙生寧馨兒乃能挺拔若此然跡其生理僅僅粘帶於皮膜之外卽使根底有靈而相去懸絕中間折者曲者腐者破者疊爲隔越不知脉絡貫通卻從何路語其奇則如附枝如贅疣如臼田飛仙足不履地如飛來峯雖其處一山而神情兩無關涉又如人家門陛廳事漸就傾圮不得已旁構一別館爲宴聚之所而又極其華麗語其險則頭重身輕沾沾欲墮譬之長江之水支而爲河爲湖但於分口處流淺而岸狹尺布囊沙遂可以斷又如炎

精已燼非光武中興不能續漢統故余與周黻甫張介人吳鴻卿同往口詫其奇而心惻其古低徊延佇如值異人不忍輕别所憾者托根非地不得醉眠樹下耳詩以誌之

羅浮夢煖花魂狂老株不死仍芬芳植者何人自何代能使滿街春雪香瘦骨枒槎削寒鐵火後肌膚看不得半成枯朽半敷榮宛與東風判南北惟勢奔騰出女墻土少根多城欲裂角聲吹去韻淒楚月色窺來影清絕深山窮谷邈何許只似高人隱塵陌年年

開向城邊路過盡行人無返顧獨立難辭塵土欺長存或有精靈護幾番顧爾不勝情繞樹三匝爲吞聲世間好物多棄擲平泉金谷徒虛名濡毫欲擬梅花賦恐掩前人宋廣平

雙桂篇　潘世標

潘太乙先生萬曆庚戌冬來視學事以長公艮珩從標受經辛亥春手植二桂樹於明倫堂前朝夕徘徊其下商賞疑析相得甚歡癸丑先生成進士宦蹟所到每久人思此亦甘棠之一也

邑沐周南澤庠當東北隅弦歌新入耳花木舊承將對此葱蒨雙桂前哦騷讀賦憶當年雲霄意氣親如

許敢說桓譚後必傳先生贈句云況有桓譚後必傳先生自出辨天下海內誰人知已者驟服鹽車汗血流無寧自放雲之野蒼茫雲土接徙洲倚杖腰鐮事事優獨有詩魔未肯降來攀桂樹漫淹畱峻標雙象闕宻構自成宮露疑金粟槐香飄玉杵叢聲來絲竹魯靈光鐘鼓辟雍舊講堂海外三珠遙借影炎洲八桂早分行亭亭直上凌星斗光氣欲騰風雨吼蔽芾看同南國棠嬝娜謾說武昌柳只今雅道資弘奬剪蘖樹嘉開治象沕穆神情添幹老猶如練色時扶杖吁嗟乎素梅須

傍鶴修竹每棲鸞氣味欣相托仙友此盤桓

頖樂篇　蘭中爲修學志美　前　人　壬戌選補

百尺嶙峋夏汭邊霞蒸漢倬起黏天靈光殿壁餘絲竹玉振金聲萬籟宣憶昔烽烟霾闕里岌冠長珮總䅭粃司南乘展日之東惠我人斯椅頑鄙覓厥攸居自北南眕田犂井棵桑蠶新封舊社爛春草組轡琴調舞兩驂氾蕙風香鸞筏繚天昕鼓篋暹清曉洞開門闥示環橋極綏皇敷心目瞭器服賁鏞列講堂横經問字濟瑲瑲闢西今見吾夫子南國誰人復鄭康

毿㣲雄風吞八九靈臺須壁歌新樵題經三管席朝

珍鐵網珊瑚珠蚌剖況也因心惻愷流自我天覆雲

之油、跂行畢逮含醇粹鋤雨帶經樂惠疇穆若薰來

添氣象縱金潄玉排書槐裁詩蒲擬賡思樂，委珮晷

移甑影上

川上篇　前人　壬戌選補

澤國以堤爲命縣北譚家垸周遭皆水堤更低溥

去秋今春地震二次占云維星散句星信則地動

有星守三淵則天下大水海魚出每與居民言此

相戒修堤莫之或信夏五水漲鄰垸洶洶潰溢垸地與水平水出堤上者復數處衆心協力晝夜護防浹旬餘始護苟全然悴苦極矣民艱莫繪詩以紀之

兀突雲峰天地寤老壑藏蛟睡不注汨起洄波千萬嶨浮浮岈谷奔相赴藪雲澤夢與天黏浪跋瓊宮濕灊檐聘貽柱鼇兢贔屭陽昃拗怒肯波恬川騰轂鬭繙前殰戰血元黃海倒陸去歲鈎星值帝闕今年潢漢翻坤軸舊坊嚙曲漢之濆鄰父相逢欵語頻盍各

先事勤補葺曷須徙决始塡堙念兮無力慨憂杞髦
語嚴聞愍置耳五月江深寒草閣澒溶積雪排空矣
西南一帶號龍窟東北魚民棲鶻柚葦護堤痕盡水
形沫飛撲面跗泥沒樅金伐鼓敵洪濤負土擔薪逐
水高況是塗塗鵠面者日尋匪棘敢言勞浹旬直似
防邊汛瞬盻之間蹈鋒亦幸者扶曦馭惠颸如磐壞
奠川靈順吁嗟斯民勤股肱餘粟罄餅衣結縷引領
云何寧婦子視彼四方猶乾土只愁稔穰僅彈丸只
恐租輸不汝寬所望河于盈水蕢所期挹泃浮醽醁

秋空皓魄印澄潭冬雪時敷春雨湛玉燭平調川上
觀野夫高卧日三竿

庚辰春過玉沙訪劉廣文庚寅夏再至唔監司
彭贖庵邑宰藺覲玉時大浸稽天感賦

嚴首昇 壬戌選補

一江衣帶路非遐十載重看兩玉沙宅第灰餘人伐
荻園田漲蒲客浮艇日中問釣全無事薄暮鷗鳧似
有家吏自欲仙郊是島湖游身已在蒼葭

離湖汎舟同劉公蕃穉恭伯仲

前人 壬戌選補

三旬澤畔足招尋一葉蒼茫此處深如意方舟疑顧渚好奇兄弟賴岑參蘆中人却非窮士屋裏湖應是陸沈我在山間君水上從今異地許同心

離湖舟夕　前人 壬戌選補

刺書投未得漠漠宿菰蒲河為長風大舟因暮雨孤客心惟盡且渡口自提壺喪敝何為者東山詎負吾

夏水舟坐讀古詩　劉懋夏 壬戌選補

一纜命小奚桂楫不復理獨坐澹無營如在函丈裏近村與向背遠波無起止堤轉疑溪盡前舟去未已

揚栟躋崖垂沉深亘數里手持一編書樹影交於紙
靜觀失墨痕幻思爭秋水

藺中尊維新邑城作詩以美之

前　人

古堞千尺不立而僵豐草如人熙攘康莊七歲於茲
烽火荒荒
我今至止國社斯活誅茆闢徑闤闠以悅烟月盈爐
是汝舊物
我宅既宅我城斯城公曰休只雨雪已零民曰勤斯

室家初成

筲人有言志奠民居輯彼流亡下勝在中書遲公台鼎

待城成餘

始度始營我祖相只以陶以築於今伊始載觀斯盛

幸甚小子邑城創於前任李侯先中憲祖與有勸勞末章及之

和藺父母雞鳴渡　謝遹壬戌遴補

帝眷南來輿望酬時艱端賴濟川舟省方快覩開騶

雜華俗今知易佩牛遶浦孤芳含露擷盈溪嘉植帶

雲耰披撝字字豐年玉一詠澄清九派流

壬戌選詩

白螺山　程藻

辛酉巨浸七月下旬奉調入闈舟中過此感賦次孫郡伯韻

江流汩汩繞雲阿載得深憂泛白螺滿目已非煙井舊一灣漁火聚歸篝蕆若有秋民鼓腹民不秋登誰與足茫茫漂沒幾相存苟活那堪盍自鬻傷彼偷生樹末間仳離子婦盡顛連雖將筏渡猶窮蟻無室無家年復年焦心過此愁入骨安能爲爾骨而肉卽今選士重　邦本回首倘如初播穀

祇樹庵即事二首 辛酉冬

歲晏猶輸輓寒江忍不開力從愁處盡風待雪時來
剩水穿茅屋饑墟上食臺好隨僧入定向曉仍徘徊

其二

一燈傳自靜薄宦苦何煩水濶奢星月鐘寒老夢魂
攤書聞梵唄撥火向清尊親舍應憐遠扶節尚倚門

堤頭再宿僧舍 壬戌仲春

長堤立馬不嫌頻幾度重過未浹旬迴雁聲悽連夜
月遠峯青瘦隔江人常隨鐘磬陪禪悅忽對漁簑愧

隱淪虓角莫催眠正熟春來誰許是閒身

訪章華臺故址

章權憲觀風邑士題　次唐韋莊韻

尚有離湖在荒墟幾度哀細腰原化土碧草不登臺
氣逐三休盡悲從午夜來屈騷堪日讀時見楚雲迴

江村春望　視諸堤還邑課士有小引

花原過堞麥浪肥煙布穀暢以農歡隄防相其
力作經行至止喜極且憂吾道同人慶斯爲慰
不拘一體幸惠佳篇

出城何所見濯濯有江流春事劇不盡覩此多綢繆
望歲起中嘆民生在有秋原隰何閒閒良苗且油油
舍車循閒道屐跡息高丘好鳥和喈音飛花繞前疇
顧此胡不樂翻爲起殷憂隄備敢不力竭蹶思良謀
天心念民隱赤子可誠求日暮且言還歸途非舊游
野老不相避以鋤復以耰

雞鳴渡即事　次宋王梅溪韻

何處聽雞鳴雞鳴人未渡曉發感素秋月散生黃霧
驅車率作勸春鋤當詞釋民命即長堤爲汝破疑府

吳家凹七夕感懷 立秋之三日

不覺秋三日偏逢七夕間人當寒暑外秋在性情間

水氣雲連響花痕月伴彎只愁風浪惡莫道渡河艱

其二

好秋容盡望此夜澹群思樹邑窺人淺江聲得漏遲

孤懷星已共寒棹水無知去舸輕如葉流黃在織絲

容城八景

八景詩邑志所載前賢之詠夥矣余既未親歷

其境又何不可作想當然觀就今日言之謂今

日之八景或不誣也

章臺曉霽

彰麗初瞰逼故墟江山不改楚雄餘花前尚可重張樂臺下何當每過車豈以縱觀非栢寢猶聞遊耳在匏居而今草碧春如昔懷古悠悠自卷舒

錦水晴瀾

渺渺煙波派欲分風高夏首動成紋錦江不惜賒春色巫峽全教送暮雲靜掩丰神懷洛賦閑鳴翠篠報湘君我來古木蕭蕭下落葉聲中日未曛

軒井流霞

聞道寒爨火自溫人間何處覓軒轅若將紫氣噓玄竅得湧丹砂泛玉痕化國不煩尋洞口窮奇今已到仙源山凝蹲躅遲如吼風起無言靜亦喧

璘臺湧月

直下瑤光照斗寒璘臺風動水晶盤恰看煙捧珠初散不道神遊魄未安夏后晉靈思報享韓侯雲夢憶投竿幾回驚醉魚龍窟九跳天門過急灘

鶴澤觀漁

連雲跨夢納羣流漁火星星曉未收不爲垂綸忘結
侶可知鼓枻是操舟鶴糧計拙非成算魚腹交情感
舊遊何事滄浪橫鐵笛終朝婦子對閒鷗

離湖讀騷

湖水溶溶一碧澄高陽風度更嶙峋悲歌向答成孤
往詞賦於今滿後乘一自問天還卜築應知紛美郎
修能非常痛飲頻搔首小泊招魂可自勝

預宮翠栢

蒼亂偃仰翠華新靜擁空堦對古人自有文章寒鳳

藝也同書籍著龍鱗春秋可見皆尊彝俎豆何當亦避秦獨守栽培千載業歲寒於此共明禋

南郭古梅

南郭之梅兵燹後爲戍卒所伐好事者移植一梅以補之幸即榮茂梅非古矣蹟仍宛然

素心雖許侯城隅不護寒香谷亦愚孰使孤芳悠蘙伐移來清影仍蕭踈南鄰酒伴閒須覓東閣詩情典自如若比甘棠誠可愛何妨常近野人居

古華容　有引　　劉懋爽

邑爲古華容夏首起城下西流江之沱也迂折百

里至雞鳴渡猶與城相望下此多與漢會民敦樸
尚氣節雖死不爲盜亦無爲人倉獲者士皆膏腴
衣食不他貸其草食水族達方所珍則皆備荒下
物耳自邑西迤東備江大堤亘三百六十里又東
尾灣當洞庭湖口放歲役修築卒百餘日　邑侯
與丞分防之乃前此不計長久集群議獨聽胥吏
所爲水浮浮時日騎馬張皇走視無補也漢由江
陵沱潛分數河入境派分支柝迴則巨藪漲則洪
浸厥田汙下恃子隄爲固隄如墉河如溝星羅極

目似古井田官不及問視民之自爲防耳江漢每
僉漲而漢溢於昔年考岷山嶓冢相距未千里兩
雪或同時又聞秦人因渭水漂溢鑿渭一支達於
漢源是宜有此哉江合滇黔全蜀達邑西南洞庭
合九江之水衝邑東境漢出秦合豫之淯泌諸水
蕩邑之北荆蓋衆水都會而邑其郵亭也諸郡邑
未爲水設專官民力疲不能肆應十年得一豐遂
爲樂土逮奸民塞夏首歲更憂旱旱雖不粒食野
無餓僅不幸而水而供賦而塞決或者流亡或者

坐苑往者懷襄之虐六七十年一見今戊戌後旱澇無虛歲民不得一豐凡十五年且三大水矣天孽莫違我人瘁甚聊述其語俟采風者壬子閏七

月望前二日

岷嶓同雨天威嫖邑弗產山坤靈拙洞庭如伏起要之四塞危堤衆水齧頻年罹灾民力單民所繫命須專官法嚴治水水販扈民勞民苑等閒看巽軫得歲歲如此如可回天　皇仁耳發金設職成大防損上為上瘡痏起

泛離湖同嚴確齊兄公蒋

輕帆十幅漾清冷草色遥看往往青蘆港雨風來鈎艇石橋烟火半旗亭岑家發棹偏遥遠屈子舖糟似厭醒不是少年游俠意悄將春事大爺行

臙脂湖同諸子泛月 限民字

愛秋兼愛夜還各愛閒身浩白猶今夕滄浪負古人草菴談老子高奇託濠濵月可青蓮問奇攜漢水賓辨無妨柄鑿交既選清真三畒貧難製五君氣自親慢坡鷗夢穩邨舍樹烟勻荷避浸溪處梲舒乍灌展

醉醒江上意屠釣聖時民影亂蘆花岸腥過呂客津驗偶波起伏雕琢藻浮淪練練寒川性星星野露仁知名洲暫泊領要景爾新太始空明色函幽杳渺神遇風迴湖棹砰宕故逶迤

泊離湖 甲寅

百里湖光日日波全家一艇是行窩鱖肥芰長初過雨受用玄真笠與簑

又

乞得主人湖一曲黃庭尊酒願無違來年擬學蘧君

予未必而今事盡非

奕仙橋别業繁陰　聶開基

賭墅誅茆構水東環溪緑楞淡烟籠繁陰不漏天邊月修竹偏揺竹外風小鳥銜花翻淑浦方塘帶影遇林叢間瞻碧落浮雲度遙下長空駕彩虹

湘靈鼓瑟

誰將氷雪操鼓此白雲間尚有千秋恨來聞盡日閒洞庭明月夜湘浦落霞灣尠指彈精闘清音想玉環長懷曲渺渺相續水潺潺聽到無聲處猗猗竹有斑

譙樓落成侯童麓父臺中秋讌集

程之洛

秋色宜於月、秋月宜於樓、古人良有以登眺恣嘯遊玉沙城中秋色多、玉沙城中月不磨、自昔有月無月樓、夜長夜短如月何、使君愛月如愛巳特地譙樓對月起、月旋天際漏旋地、聲聲嚮徹銅壺裏銅壺褁月月滿壺、金石絲竹交懽呼、樓月相得渾賓主、月色照人美且都、爲樓爲月發高謌、高謌一曲與婆娑、願言樓月長千載、願言千載映鳴珂、行矣哉、待漏金門下、

金門月皎皎、玉沙一片明、無忩樓月曉、

釋中庵過訪水西山房

偶爾經遊處同天莫問西知君皆捧喝媿我只筌蹄
野外行雲靜林端宿鳥低再來池水濶指點出蓮泥

同劉畏庵朱蘊庵白衣庵看蘭

輕風開小徑遊興到重欄似得花宮勝傾來雲物安
僧幽時煑字友快偶披蘭谷口春林麗瑟心曉磬寒
雅宜承象鼎韻可襲雞壇不事鋤非種惟凭暢達觀
清新詩擬庾飄逸句如韓艮聚何辭暮分箋理一端

自螺山遊三官殿登玉皇閣

一山臨瀾野層閣俯長欄靜攬桑麻澤閒凭波浪安爲遊秋思肅因坐午風寒天宇常閒勝披襟興未闌

圓通寺

曲徑依深竹竹來梵宇微一花忽在眼偶見老僧歸鳥外遊蹤少雲邊樵路稀道心將入定趣此得忘機

雨中同李浦叟遊鹿苑庵登準提閣

山靜尋方好官閒雨適安步隨芳草軟衣惹薜蘿寒鼓韻笙簫譜傳杯鉢外餐登高窮遠目實月定團欒

容城八景詞

章臺曉霽　曾三壽

隹氣鬱層臺草樹芊緜翠色堆風梟鐘聲催萬户齊開梳畔鶯啼夢醒纔　珠露點蒼苔楚國王孫去不回楊柳春風千古在西陵香拂花明滿一隈

錦水晴嵐

旭日照江明水面微風綺縠生萬頃紫漣涵翠藻交横來往輕橈畫錦行　隔岸數峰呈澹澹輕烟萬縷縈光氣揺空浸碧落環城縹緲樓臺是水晶

軒井流霞

繡陌紛芳非泠泠清泉映落暉共說當年仙子駐荒碕爐火熒熒紫翠圍何日得來歸華表千年丁令威函得雲裳光影在依稀一道明霞是羽衣

璿臺湧月

臺樹遶湖烟灔灔澄波印月圓浩渺淸光凝一片無邊絶勝閬風海上仙　寂寂鏡孤懸中夜寒生暑月天潑刺魚龍常出沒翩翩吞吐珠丸洲渚前

鶴澤觀漁

碧水蕩春陰鶴步閒閒香草深波暖遊魚頻躍荇無心却有漁舟欸欸聲　何處避鈎緘日暮炊烟溉釜觴買得一壺風露下披襟嘯罷江洲月已沉

離湖讀騷

烟樹麗春天桂櫂蓀橈盪畫船可是濯纓曾向此湖邊漫吊離騷讀幾篇　濟響雜啼鴂鷺得漁人晝來眠道是聲芳人已醉僊僊一曲高吟栖浪前

南郭古梅

雉壓凍雲低玉色亂鱗萬點齊沁骨清香堪勝賞想

攜踏遍江城雪後泥　分韻各詩題、載酒南樓碧水
西、疑是羅浮山裏路、攀躋明月歸來入夢迷、
頻宮翠栢
殿閣偉凌空、彿漢艮村值此中、相傍管絃四百載、青
葱、蕭蕭森森嘗在公、蒼翠滿丹宮、浪葉浮花不敢
同、歷得霜寒千遍後、臨風綽約莊嚴、應是翁、
錦水晴嵐　孫應龍
朝融霽色映江鮮、水靜風微動綺漣、更得雨餘峰黛
出、日光蕩漾翠蒼前

鶴澤觀魚

渺渺湖波映月輝魚琍驚起鶴南飛煙深浪暖潛鱗躍綸釣歡歌問酒歸

監利縣　利　楚李字伍氏商板借

尊經閣詩選

尊經閣落成識集諸紳士閱訂邑志兼懷山僧
外翰九溪不與漫成四章　　程　藻

秘閣凌霄渾太虛千秋河洛麗椶櫚向來榛莽虧微
奧一日雲霞滿緒餘出堞星帆開戶牖朝宗江漢過
詩書登臨咳唾皆珠玉會見名山在石渠

劍履容與適後先過門重揖　聖人前無煩藏壁恩
譬說却喜登樓發槧鉛問道傳心惟十六應知曲禮
更三千取懷相示皆廊廟佇聽鳴臯徹遠天

目窮千里望津涯盡嘆泮洋且問奇三代休明惟禮樂六朝鼓吹自塤篪人心但可從先進斯世誰當覺後知靜對六經分聖澤壇墻几杖是嚴師

登高遠望菊初黃縱少茱萸亦舉觴一自道南初振鐸遂教友盆半匡牀尊經人共絲綸靜績史難忘班馬長此日落成君有憶吾儕今已得翱翔

程老父臺創建尊經閣成寄題　張希良

守道緣江澥講堂亦荆榛朝登黃鶴望遙識錦水濱翬飛起危閣結搆盡聞人發微陳圖史著述且等身

快哉　程茂宰政治何彬彬下車舉百廢首使黌宮新舊畤牧馬地屭矗儼有神重開魯壁藏炯炯排星辰陋彼章華臺荒煙不復春斯文同麗日瀍洛接關閩

尊經閣落成即事二首　盧　絳

大業新開錦水隅樓臺浴日集真儒酉陽秘啓螭頭麗乙火光搖蚪跡殊道德只今歸禮樂圖書依舊肇皇虞連鑣黼黻懷樽俎穆肅猶將對泗洙

石渠初築講堂西百代文章一日齊栟櫚前池雙阜

小雲依古堞遠天低聲傳鐘鼓聯靑瑣香滿縹緗發
紫泥百尺樓高千載柏芳非桃李看成蹊

前題　　劉韋孫

寥廓荒天宇崔巍發理窟靈蘊榛蕪中動蕩生突兀
高閣四望開襟袂收星月檜頂視摩娑俯就來城闕
雜珮廼連雲藐瞥心神徹列籍費光華修陳皆輿牘
今古多不蒙前賢豈寡盆因時繹群思抽義愈未竭
新鑿別天通剔獲鱉軸折揚觶仙令前幽獨頗怡悅
風雨鳴鼓鐘簷馬喧丹墀典酣禮樂間煙雲存主客

鼎彝持文明於茲昭無射

尊經閣落成　程堂翁讌集　諸薦紳先生即

事二首　潘廷藻

縹緲層樓接太虛山川民物壯棕櫚登臨雲漢文章
盛俯瞰瀟湘敎澤餘閣藉五丁凌北斗經橫三酉煥
藏書群英偕處占星聚伊洛家風在石渠

講堂北面對高樓碧瓦朱甍紫氣浮本爲　聖經尊
大道因資文學重從遊功成未肯勳歸已詩就還向
樂唱酬大業郎今新盛典追隨杖履視賢侯

尊經閣落成讌集即事二首　聶士貞

直有干霄氣，登臨萬象開。道虛無定體，心曠得崇臺。
秋盡天將遠，杯深月欲來。縱觀今古事，軒舉對鄒枚。

聖澤無升降，昭回與日新。一番生締構，千載著經綸。
巍煥天章發，羹墻矩矱循。高樓思邈邈，俛仰列星辰。

前題　胡淮

經橫巍閣近天香，濂洛重開舊講堂。路接雲衢生羽翰，源流璧水動滄浪。千年但有春秋筆，百尺誰分上下床。充棟藏書新敘澤，晝收星斗入縹囊。

前題　　程之洛

開天一畫啓文明萬古圖書始縱横劉向藜光輝秘府蔡邕石搨亘金城登臨饒有蟲書想把袂還深瀛島情既醉賡颺歌　涖頻瑞蓮臺閣益崢嶸

前題　　曾文壽

徒步游泮水欣瞻堂後閣夾道借趣芹池水光參錯春媚一何清餘雪淅猶落高覽景自異況値晚霽廓萬卷標錦旋飲醇擁華躍近觀歷書史遠眺復岑崿曠蕩落新成俛仰歎今昨不見前者跡祇覿來者樂

作德總心造式化由已淑顧瞻大都會愈思流行迹
源遠竟誰纘世守諒能篤所貴遺榮名覩義願言勗

邑大父母程公創建　尊經閣成讌集仕紳因
恭閱志稿兼懷敝署九溪佳韻四首遥聞和

答　　曾三壽

仙吏心閑似太虛棠梨美蔭在棕櫚名山待久藏無
秘江水流長澤自餘博訪群英咨舊史携登阿閣校
新書散衙琴靜肩輿簡指顧題詩滿石渠
匪茲圖典覺誰先高閣嶙峋道在前獨爲起衰尊沕

穆群知追琢向丹鉛欲蒐汗馬車三十不採猶龍字
五千他日金樓書數備奎形似履燦中天
秘閣蝌文湘水涯字齊石赤影模奇摟羅備且克粲
構鼓吹休明叶柷篪一日庀材鈞石事千秋嘉惠俊
髦知卓庭禮教功猶暫瞻望圖書世世師
西風到處弄花黃庚月遙知樓上鶴每羨雁行隨羽
翮猶依阜比坐繩床蝸來題技五皆短望向龍門四
盡長何事興酣千里外猶憐榆枋未借翔

尊經閣落成讌集即事　孫應龍

千秋信史漫丹黃攜向樓頭一舉觴劇就規模光俎豆新登梨棗接書床共知巍煥同天峻應識流風與漢長極目煙霞延矚遠川原俯瞰勝翺翔

前題　劉鴻謙

作人應郎壽斯人搆閣藏書眺望新杖火東浮螺岫曉蘭臺西繞蜀江春經行鄉邑推胡廣句讀兒童又伯淳況值霞觴從邁衆環橋豈獨混蹄輪

前題　劉鴻誥

藏書重覩閣崢嶸燦燦牙籤爽氣迎十里江光晴郭

轉萬家烟樹曉雲橫魚晃久遍文翁化鶴澤還同魯

國英昨夜文星明翼軫說經須識有康成

前題　宗琳

江流襟帶遶洄涯百尺龍文閣燦奇壁涙千層啓奮

甲松風一泒叶吹觥絃歌化洽徵前教詩禮陶成廸

後知桯史儲藏天縱近敢言不學有常師

前題　曾九壽

點成信史漫雌黃五色裁雲映曉觴河上清風噓廣

野溪邊閒月冷胡床竊分東壁星輝度敢向南金賦

較長樹滿上林知有待枝頭豐羽幾廻翔

淳安邑署聞里門尊經閣併邑志告成東懷

程父母請政　胡就臣

自適東泉望楚雲故園歸水動星文何期闢莽曾攤
卷今喜層樓共樂群辛苦綢繆還締搆維持禮法獨
慇勤青溪白嶽常相近每到登臨即對君

將之任臨潼謝別　程父母尊經閣成兼得榮

陞志喜　李維明

祖帳臨岐別去難閣連星斗費盤桓春風馬立新豐

健梓潭魚懸漢水寬縱使石渠天祿近應同黃鶴白
螺觀君行且得江州醉千載高懷在講壇

尊經閣落成郎事　謝邁

龍門遠望似無涯傳到新詩嘖嘖奇瀛牧也能詞召
杜琹樽猶復雜塤篪棠陰若待車書構雨化常如草
木知共說蘇湖才不易惟有筆削是吾師

尊經閣落成郎事　朱祖如

聖道尊崇處樓高欲近天龍巫今得木筆彩竟如椽
一往千秋在虛靈衆妙傳堂前東逝遠俛仰盡長川

程夫子重建尊經閣兼修邑乘粒叨與盛典因
閱先君子原稿具載感謝以志不忘

潘有粒

凌雲高閣覩光華列籍於今富五車自有六經垂聖
敎還憑三史重天家過庭手澤存商眼孔邇謌聲入
絳紗昭代弘文新著述龍鱗鳳翼倚雲霞

尊經閣落成即事

夏錫翰

鳴絃化洽靜聞聲奎壁中天近閣明漢史於茲傳再
續虞書今復說惟精百年曠典昭儀象當代昌期列

几楹自是功崇弘道泒長江渺渺向新成

雜著

勸農文

鄭崇明

服田力穡，乃亦有秋。惰農自安，商盤所尤。嗟嗟邑民，其業有四。四者之中，士爲最貴。予忝民牧，所重者農。來爾編氓，聽予至公。勾芒司春，東作伊始。載耕載種，毋戕裂爾。祝融行夏，南訛適時。載耘載耔，勿鹵莽爲。蓐收秉令，萬物成遂。乃登禾稼，乃輸租稅。玄冥執御，除舊更新。有實其積，陳陳相因。以享以祀，爲酒爲醴。既給宗族，復周隣里。勤者如斯，怠者不然。饑寒困苦

咸自取焉亦有貧難逃移復業牛具種糧豈能無缺

且實以告官爲給之蠲乃徭科恤乃孤嫠克勤克儉

更相戒飭匪曰予私足爾衣食

舉行喪禮文

凡民有喪匍匐救之棄婦所能谷風有詩嗟嗟邑民

孰非人子大事伊何曰惟送死予忝民牧所重在茲

來爾編氓聽予訓詞民之恒産多寡攸異或賤而貧

或富而貴富貴之家安塋過盈貧賤之人禮不克成

親當屬纊治乃棺木必信必誠布衾布服毋作音樂

毋用浮屠葬具祭儀稱家有無宅兆之營遠近不一執紼引棺動資人力致此或難爾其告予予遣埋夫爲舉靈轝香燭帋錢米鹽酒果凡有不足周之在我鄰保相助理所宜然民俗歸厚在此舉焉立法自今行之永久毋曰予私安爾父母

勸民十箴

李純樸

一息訟

凡茲衆民皆有良心刁悍成風詞訟以興傷民損財所係匪輕父母懷憂妻子供餉舉家嗷嗷心神靡定

守法安居何苦爭競

二止盜

凡我良民各有安宅胡不自安而爲盜賊一朝犯了

家危身滅幽幽黑獄死生難測適觀往年誰人免得

守巳安貧亟改故轍

三糧差

凡我有民各有田庄玩法之徒輒誤差糧包侵入巳

圖利匿藏比限遭刑死也足傷地坵有數完納以時

守茲王法早辦爲宜

四節用

凡我衆庶耕織當務勤儉相傳足興門戶暴殄鮮華

誰能終富福謙禍淫天有定數一旦貧窮望人哀哺

吁嗟樽節自求多福

五懷刑

凡此下民保身是圖一逞頑惡即蹈於辜桎梏枷

身無完膚父母遺體血流漂杵不如禽獸得安所處

胡不自樂而受此苦

六厚倫

凡我有生同此五倫失性失教悖逆以成父子相賊兄弟睚仁夫妻反目朋友乖爭不安下分罔知君恩陷於罪戾以罹於刑早知覺悟聽我民箴

七風俗

斯民本直何異三代性真既漓風俗以壞正道不由爲亂爲怪妄生意念狡詐千態勸爾改圖自新自愛各安生理聖訓常在

八堤防

惟茲監地江漢之間一望千頃足稱良田堤坊一失

頻成蕪漫賦役繁重供億艱難逃亡困苦誰肯爾憐
同心恊力共保堤邊厚培兼築庶幾可全

九冠禮

文公四禮切於常行二十而冠望以成人士農工商
其責維均今則不然冠禮廢閣有妻有子猶爲總角
曷觀家禮稍從簡約丈夫自處俯仰自作

十戒誣

我觀茲土好逞誣捏牽連多人動云勦滅爲民父母
寧忍聞此自今以後勿復爾爾勿爲越訴勿聽刁唆

懲忿平心共保太和

祀土神文　　前人

惟茲監利未有城垣迺者三院相與建言朝議允之厥功與焉他山無石開土融磚卜茲良辰醴酒告虔惟神鑒格克相罔愆俾成保障巍然屹然感神之庥於千百年

祭火神文　　前人

惟茲創城山鮮石也鑿土鑄甎工匪細也百夫在場效乃役也化軟為堅神之力也醴酒告虔有司職也

物無苦疵神所賜也感神之庥永無斁也神其聽之
鑒我臆也

監造大堂啓工告文

邑有治署萬民所瞻屏山秀水拱翼崇嚴曩遭荒屯
棘胥麥蕲 某 奉
簡命式併衛闔經始郛郭汞輯皓黔維新賁厚勵以
絜廉治象政紀如日初暹履端表極笄辦堂簾合圖
允藏人協神詹星從雲集事舉功兼奠厥都居載永
熙恬

閱操告文

惟神、宜威帝世、象應星文、虎龍韜展、鵝鸛陣分、肅清邦甸、汛掃祲氛、惟茲六月、亂揚禾耘、揆文奮武、於簡選軍、肄乃步伐、鼓以忠勤、事其有備、謀克敷紛、師貞得吉、晉錫銘勳、

修學告文

在昔君國首務建學遹追

先聖佑啓後覺邑之頹宮奠位正東經變頹毀顧瞻惻恫恭忝司牧矢怹繕築購材鳩工茲焉穆卜月吉

辰良是斲是方毗世禎
朝大啓光昌鍾靈毓異龍神所司幽贊敏功尚其鑒
之

建尊經閣告土文　康熙壬戌　程藻

尊崇聖教與日俱新起衰振業表章六經奠麗河山
景星慶雲惟茲土德博厚靡垠植基篤祜開闢拱辰
則天體乾法地維坤紹光前緒佑啓後人道學淵源
黼黻雲礽惟神有靈是憑是增斯文在茲孔固永寧

尊經閣上梁祝文

聖德煌煌於昭於天闡揚性道時出淵泉微言奥義
卓立薪傳崇隆秉建雲構星躔筵茲穀旦梁棟巍然
龍盤鳳飛喬皇几筵文昌桂史彪炳萬年景從多士
溯本窮源鷺立鴛行宏猷克宣藐邑具位祗承告虔
靈長呵護奕禩綿綿

舊志論曰文以藝名所貴辭之修焉爾要不但以
其辭孔子曰其文則史夫史彰往憲來審好惡決
是非驗風俗紀政治者也非是不登諸史故夫相
質披文後作者以爲程登高作賦前稽者有所據

則於是取之

恩綸載之家乘文集自當專行弗備及也若乃風雲月露之彰雖麗非經立誠居業之謂何安所當於經國不朽之業哉君子慎諸此矣

程藻辨曰志有藝文非若經生學士家譚道德性命之微與經方致遠之畧舉其大凡綜其義理而已故志之爲言切有所指而或恐溢於事明有所稽而或恐局於方如影之隨形舍是則逃虛矣如華之有實非種則罔肖矣藝文之志則莫非志之

藝文已耳雖然有說焉夫上下古今之變因事以立言者不無俛仰其際含毫咿唔情深一往幽賾欲彰則水中鹽味神智勃發則頰上三毛并掀揭著於賢豪即箴規儀於士女騷壇逸典遙接乎屈之愁而宋之悲德教微音恒思乎江之永而漢之廣以文人之心出文人之口孰得而羈紲孰得而方物也哉若夫萬派歸海四瀆可分繁星麗天五緯可識則不離乎志者近是志也而幾於道矣藝文葢可忽乎哉

鹽邑志跋

夫大塊假我以文章何謂也此此言大塊自然之文章而非人心之文章也然而人心無文章大塊雖欲假我而我不能發之則亦雜然一大塊已矣窮其意而廣之九州一撮耳循其寔

而求之一邑即大塊也何則一邑之
內有高者下者有動者植者有生者
寓者有沿與革者數者之於邑如五
官之在人身天地能生之而不能成
之成之者必資於父母則主是邑者
非乎粵稽王制云廣谷大川異制民

生其間異俗修其教不易其俗齊其政不易其宜王是邑者必使高與下得其位動與植得其宜生與寓者各表而著之沿與革者因故而新之若經若緯若區若畫紬繹於中措諸事而無有互異而後繪以筆墨將大塊

之文章靡不從心而出之於
先任程　公之治監邑與治監邑而作
監邑之志見之癸亥春余蒞兹土凡
政必以告得見其所爲之邑乘嘻以
長吏而兼史筆詎易得之今日也哉
惟公以鳳池虎觀之資懷禹穴汲塜

之秘於從政乎恢恢游刃有餘也有
繭絲之績無反裘之弊寧效陽城之
政拙不爲巨源之掊克未幾賜鶚格
其好音江漢承其恩服於簿書之暇
思六載中躬之所歷思之所届取一
邑之所爲高者下者而志之則田塍

疆域是。動者植者而志之。則戶口物産是。生者寓者沿與華者而志之。則職官人文典建度數是。爰擬條例若干葉顏曰畧言以示學愽盧劉兩公。暨邑之先輩。士之飽學。共相參今酌古。幾經筆削增節烈之傳於人物以補其闕。附方伎之術於仙佛。以擬其倫。約爲十則。而後志乃定。洵可昭日月備史纂矣。蓋天地一洪爐也。監邑之寄於地。亦洪爐之芒角也。孰爲艮冶。其惟宰歟。孰爲記載。其惟志歟。煙成五色。爛焉燦焉。謂非志之文章歟。

是爲跋。

康熙二十二年癸亥春三月文林郎

知長陽縣事兼攝監利縣事加三

級周壽平園氏謹跋

志跋

庚申冬絳以司鐸茲土將受事值邑侯程父臺以軍務借箸入郡五閱月始獲覿面晤間即抵掌一切民生利弊其最爲關注者惟以崇學育才爲諄諄諄旋即

文宗蔣學憲按臨荆州以科試較士
進謁時首以邑志詢甚盛心也歸
語於
矦矦慨然曰予有是心久矣無片晷
暇何逮壬戌春繇從長安歸
矦集邑名宿二十四人廣羅而分任

之歷三月書始成、雖傳聞不一其說、採訪不一其辭是非不一其論、然已不下數萬言、錯綜規畫、俟乃闔一邑之大成而編輯之、其有荒誕不經者、概不之紀、疑者必徵其信、異者必考其同、畧者必求其

詳、分爲十則、其言方輿營建也、儼
然有職方考工之意焉、其言賦役
風土也、居然有禹貢太史之遺焉、
其言選舉職官、以及宦蹟人物藝
文也、隱然有周官周禮勸善戒惡
昭前毖後之思焉、若學校一志、則

更有難者、舊志無學校、惟王廣文有專書、從來教養無二義、安得分而二之、

侯取而竝爲一書、誠得古者厚生之後、繼以明倫之義歟、嗟乎、集千狐之腋、以成裘、無美不聚。滙衆水之

歸以成海。無源不收。監之是志寧
有異乎。且其時百廢俱舉。庶績咸
熙。經閣巍峙。羣書鱗集。凡有切於
民生利弊者。無不次第而舉行之。
侯之大有造於監也何如哉。是亦吾
楚之光也。繹雖不敏。敢不敬而述

之以紀一時之盛云。　旹

康熙二十一年歲壬戌仲冬月儒學

教諭壬子科舉人新安盧綘謹跋

志跋

考邑志先朝凡三修傳之其人良

亦有秊

國初庚寅中邑侯藺公纂修成帙可

謂一邑史書之始然而殺青有待

續貂罔聞庚寅後之芳跡遺蹤書

缺有間矣我

程侯以

王事鞅掌簿書繁劇之餘取舊志讀之

慨然憂曰何三十年來之寡聞溯

見也是誠余之責也夫由是忻然

珥筆焉輒又慮循蜚攝提之鑿空

也郭公夏五之傳疑也兢兢以傳信不傳疑是謹擬志畧凡十條例既委其任於曾程兩年翁矣而猶懼其或圉也每條即各有分屬約二十有四人搜討類舉

公乃集衆帙而櫽括之不以詳而濫

不以畧而遺而志始成亦庶幾古
採風問俗竊比遺意焉爾今一展
卷而版圖丁賦禮樂爼豆諸大政
如指諸掌蓋數百年如一日不可
謂非志之功也抑有進焉者後之
君子富庶成俗教養成風相與勉

爲刑賞忠厚之至而恥爲三代以下之治或由此也賈誼曰移風易俗使蒸庶回心而嚮道類非俗吏所能爲讀是志益信矣韋孫秉鐸茲邑爰得從我

公共勷厥事與有榮施焉夫是以爲

之跋　昔

康熙二十一年歲壬戌仲冬月儒學

訓導劉韋孫謹識

監利縣志跋

嘗聞楊用修先生謂遷史精在八書班書約在十志文之精者爲史史之精者爲志志可易作乎哉又聞或問劉知幾曰子以都邑氏族方物宜各續次以志名篇夫史之有志多憑舊說苟無其録則闕而不篇此都邑之流所以不果列志也郡縣之志又豈易作乎哉雖然都邑之事歷代有書郡縣之事歷代有記或著臨海水土或撰陽羡土風厥類非一矣必聚而爲志奚患無文乎太史公曰凡

夫移風易俗使天下回心而嚮道者非俗吏之所
能爲也今吾邑
父師程公催科兼乎撫字重賦憫於王田修築補助
使民以時何異晉陽之保障中牟之循良也而且
盡力溝洫疏通衢渠使民不困於商牟之鼓舞庬
[illegible]之塡道何異河陽之花艷於城巴東之栢秀於
庭也而且開倉以賑貧乏墾荒以業流遺捐資買
舟溯洄溯游以撈波底之遺骸又何異富鄭公之
留心民瘼勝鄆州之全活饑民也而且課士有法

凡咽丹篆吐白鳳者得以顯其長遇士有禮凡被
其容接者若錦袍奪目龍門金價重於雞林又何
異頴川之有鳳凰麒麟荆州之無驥虬鯨鯢也況
興學宮作尊經閣爲人才立心爲聖賢立本爲
盛代開太平彼興學於西蜀之文翁何以異此哉
若夫振鐸於六諭之書嚴保甲於里社之法政簡
刑清獄訟衰息尤所謂召父杜母合爲一人者也
以斯而作縣志有不規模班馬議擬荀袁而超於
俗吏之上者乎是以志方輿志營建則表其繁富

百倍前修矣志學校志賦役志風土則撮其機要
収彼菁華矣志職官志宦蹟志人物志選舉言必
有中語無虚發如班固之深排賈誼范曄之虚美
隗囂陳壽謂諸葛不逮管蕭魏収稱爾朱可方伊
霍彼言之傷實言之非倫則無之矣雖然尤有難
貞婦烈女氷雪心肝松筠節操每以不求人知
而易失之尤以遇人不淑而強抑之今　公所搜
羅與守符溺浪爭潔漸臺之水者有同美焉豈不
可以並光明於列星也若乃志中藝文誰補子長

之闕乎誰拾孟堅之遺乎　公則不凴章句言耽
胸懷則大異夫老生常談徒煩翰墨者矣惟是方
夜一志統僊佛醫卜而一之尤欲區僊佛醫卜而
之其博通皆淵海也今志書成而登於梓良素
傷文獻之不足喜見制作之奇英備序其事於篇
末亦猶探喬木之本於日邊遡黃河之源於天上
豈曰愚生寡聞渺見不足以發明
父師之高深遂囁嚅隱忍而不言也耶
時